AF533007

EINMAL ELEKTRISCH UM DEN ÄRMELKANAL

Ein [B]LOGBOOK von Leo & Verena Fellinger

5.000 km | 15 Tage | 6 Länder | 2 Menschen | 1 Auto | 1 Blog

Impressum

Achter Verlag, Weinheim
www.achter-verlag.de

ISBN 978-3-948028-22-0

Gestaltung: Leo Fellinger
Lektorat: Martina Leiber, Karlsruhe
Druck: Gynomai Kner Printing House Co. Ltd., Gyomaendröd

Inhaltsverzeichnis

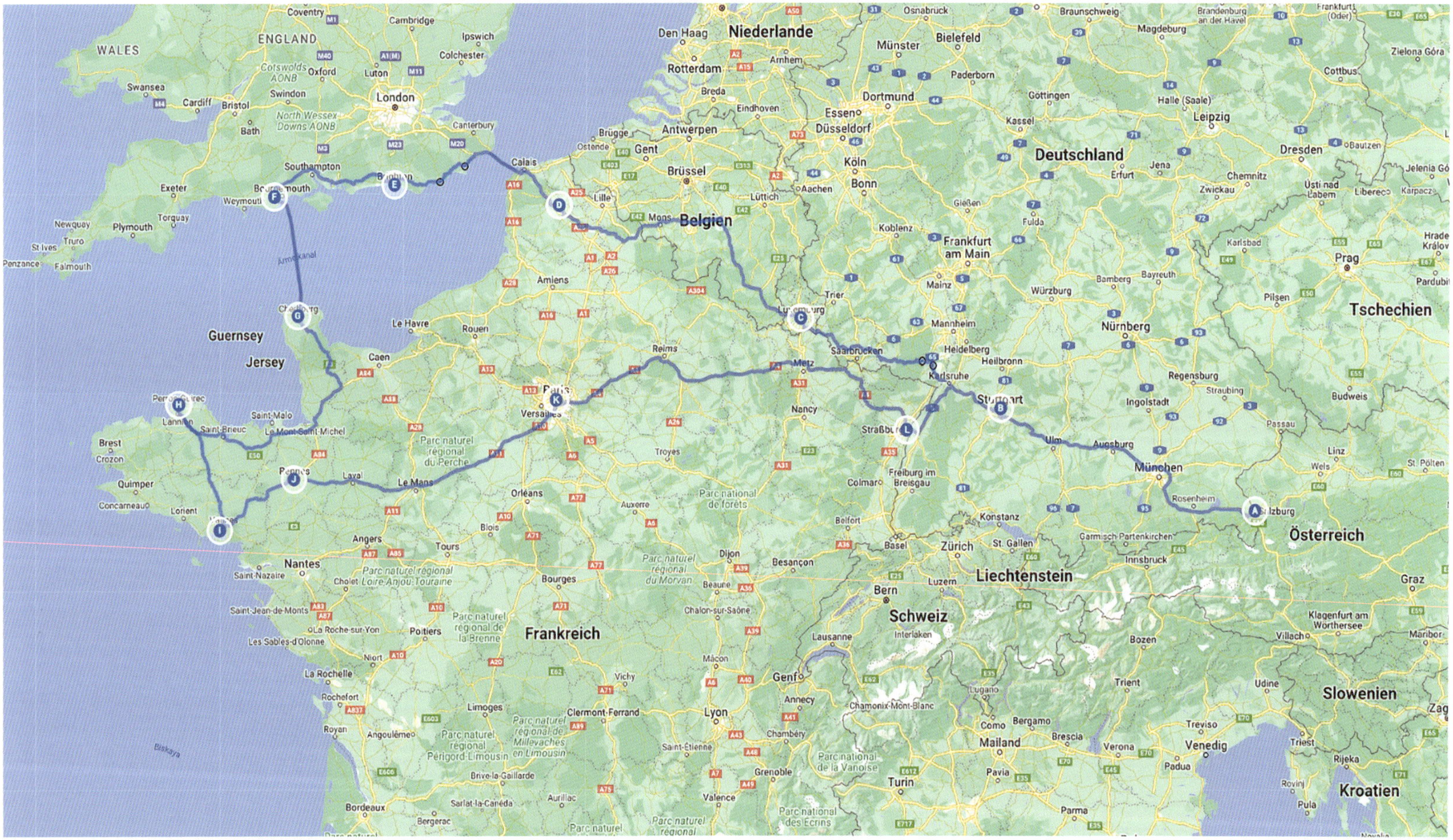

Die Gesamtroute: 4.857 km liegen vor uns, durch sechs Länder in 15 Tagen

Erster Eintrag: Die Planung hat begonnen

Vorausgeschickt: Ein Logbuch (abgeleitet von Log, engl. log = [ursprünglich] Holzklotz) ist eine in der Seefahrt übliche Form der Aufzeichnung und Archivierung der mithilfe des Logs gemessenen Fahrgeschwindigkeit, der Fahrt durchs Wasser, der mithilfe des Kurses und der Koppelnavigation daraus errechneten täglich zurückgelegten Fahrstrecke sowie von täglichen Ereignissen und Vorgängen. Ein Blogbuch ist etwas ganz Ähnliches, aber nicht ans Wasser gebunden: Bei uns geht es dabei hauptsächlich um Straßen. Jene Straßen, die wir lustvoll auf elektrische Weise befahren auf unseren Reisen und über die wir mit Freude schreiben. Und das aus zwei unterschiedlichen (manchmal aber auch ganz ähnlichen) Perspektiven.

11-07-2022: Schon 2021 waren es rund 3.500 rein elektrische Kilometer, die uns durch fünf europäische Länder gebracht haben, diesmal werden es schon mal fast 2.000 Kilometer mehr sein. Und was für welche! Wir haben eine wunderschöne Tour zusammengestellt: rund um den Ärmelkanal. Wir machen uns auf die Suche nach den Schätzen rund um das „kleine Meer" zwischen Frankreich und England. Selten ist die gemeinsame Geschichte zweier Länder so untrennbar mit einer Wasserstraße verbunden. Faszinierende Landschaften entlang der Küste Nordfrankreichs und Südenglands. Bretagne und Britannien – hinter der gemeinsamen Sprachwurzel steckt eine kulturelle Verwandtschaft, die uns interessiert. Nun stecken wir schon mitten in den Vorbereitungen, das Aufgeregtheits-Level steigt Tag für Tag. Wir studieren Landkarten, Bücher und Websites, planen die Route und suchen Highlights entlang der Strecke. Die können sowohl landschaftlich, kulturell als auch kulinarisch sein, am liebsten alles davon. Wo wir übernachten, ist so gut wie fixiert, wir haben uns ganz besondere Locations ausgesucht.

Ganz viel Vorfreude spüren wir auch, wenn wir über das Auto reden. Wir können es noch immer kaum glauben, dass wir mit einem Volkswagen ID.Buzz unterwegs sein werden, dem legitimen Nachfolger des legendären Bulli. Noch ist er nicht da, die Farbe wissen wir schon, zweifarbig wird er sein, oben weiß, untenrum orange, die Farbe allein strahlt schon pure Lebensfreude und Reiselust aus. Die Lade-Route planen wir auch bereits, obwohl wir schon beim letzten Mal festgestellt haben, dass wir kaum je dort geladen haben, wo wir es geplant hatten. Aber sicher ist sicher.

Am 30. August 2022 soll es losgehen. Wie immer können uns alle Freunde, Familienmitglieder und Reiseinteressierte in diesem Blog begleiten. Wir freuen uns über jeden virtuellen blinden Passagier.

Leo & Verena Fellinger

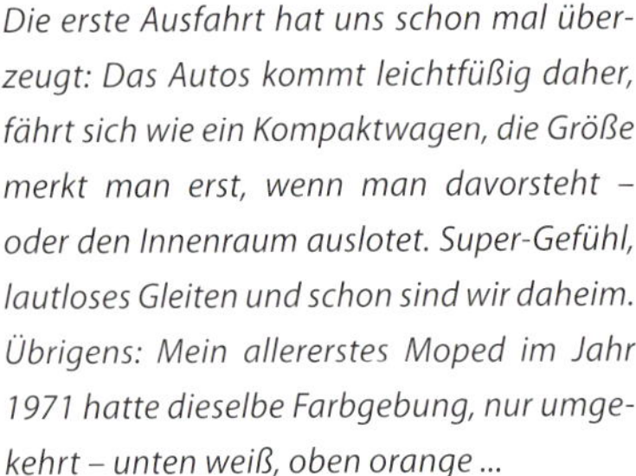

Die erste Ausfahrt hat uns schon mal überzeugt: Das Autos kommt leichtfüßig daher, fährt sich wie ein Kompaktwagen, die Größe merkt man erst, wenn man davorsteht – oder den Innenraum auslotet. Super-Gefühl, lautloses Gleiten und schon sind wir daheim. Übrigens: Mein allererstes Moped im Jahr 1971 hatte dieselbe Farbgebung, nur umgekehrt – unten weiß, oben orange ...

Zweiter Eintrag: Das Auto ist da

24-08-2022 Keinen Tag zu früh, glücklicherweise aber auch nicht zu spät: Heute ist unser ID.Buzz eingetroffen. Und nächsten Dienstag starten wir unsere Ärmelkanal-Tour. Vollelektrisch. Emissionsfrei. Und mit einer unbändigen Lust, so zu reisen. Etwa 5.000 km liegen vor uns, 945 kWh wollen geladen werden, wie oft und wo, das werden wir herausfinden. Und auch, wie einfach oder kompliziert das sein wird.

Doch nun zum ID.Buzz: Schön schaut er aus, wenn er so in der Sonne glänzt, in dem warmen Orange und mit dem lächelnden Gesicht! Immer wieder entdeckt man Stilelemente des Ur-Bullis, dazu gehören extrem kurze Karosserieüberhänge, der maximal genutzte Raum auf einer minimalen Fahrzeugfläche, die klassische Einteilung des Karosseriedesigns in eine untere und obere Ebene und natürlich: das unverwechselbare Gesicht mit seiner V-Form. Ja, er schaut uns freundlich an, einladend. Wir steigen ein und machen uns mit dem Wohnraum vertraut, in dem wir die nächsten 14 Tage viel Zeit verbringen werden. Vieles kennen wir schon aus dem ID.4 von unserer letztjährigen Tour, außerdem sind Ähnlichkeiten zum Multivan da, trotzdem: Vergleichbar ist das nicht. Viele Dinge sind ähnlich, aber im ID.Buzz wirken sie anders. Ich ertappe mich dabei, alles schön zu finden an dem Auto. Liegt das vielleicht an dem sympathischen Auftreten? „Wenn wir uns verlieben, wird eine der ältesten Regionen unseres Gehirns aktiviert. Und zwar jene, die in Verbindung mit Verlangen, Besessenheit und Motivation steht", erklärt die Anthropologin Dr. Helen Fisher. „Die Hirnregionen des präfrontalen Cortexes hingegen sind in Phasen des Verliebtseins weniger aktiv – und das ist genau jener Bereich, der für Entscheidungen und Planungen zuständig ist." Also: Mehr Sachlichkeit an den Tag legen, lieber Leo, und weniger Kitsch. Hier geht´s schließlich um Planung und Entscheidungen. Gottseidank habe ich dafür die beste aller Reisebegleiterinnen dabei, Verena. Sie wird genauso viele Kilometer abspulen wie ich und wenn sie nicht fährt, wird sie klassische Straßenkarten lesen und mich sowie das Navigationssystem eines Besseren belehren. Ich bin da analog nicht so gut aufgestellt.

Eine weitere Besonderheit an diesem Auto ist, dass es in Großbritannien und Frankreich – den Ländern, in denen wir hauptsächlich unterwegs sein werden – noch nicht einmal bestellbar ist. Für Aufmerksamkeit ist also gesorgt. Aus den anderen europäischen Ländern liegen schon 10.000 Vorbestellungen vor, das entspricht etwa zwei Dritteln der für 2022 geplanten Produktion. Und das, bevor das Auto überhaupt bei den Händlern steht! Das ist ein überwältigender Beweis dafür, dass die Zeit reif ist für genau dieses besondere E-Auto.

Unsere 9,3-kWh-PV-Anlage mit einer Sonnenschein-Tagesleistung von 60 kWh lädt den ID.Buzz / Bild rechte Seite: Anzeige im ID.Buzz

Dritter Eintrag: Eine Entdeckung am Auto

25-08-2022 Nun haben wir auch den richtigen Soundtrack für unsere Reise eingespielt in das digitale Herz des Autos. Eine Setlist mit vielen Songs, die sich mit der Sehnsucht nach der Ferne und dem Reisen befassen. Um nur einige Beispiele zu nennen: „Sunnyroad" (Emiliana Torrini), „My Traveling Star" (James Taylor), „Travelling On" (Wolfgang Muthspiel) oder „Traveling Light" (Leonard Cohen). Dazu gibt es noch eine eigene Playlist mit bretonischer Musik von Didier Squiban, Alan Stivell oder Gwendal.

Zudem haben wir nicht nur unseren E-Bulli mit Hilfe unserer Photovoltaikanlage voll aufgeladen, wir haben uns auch mit den Details des ID.Buzz vertraut gemacht, haben alle Menüs durchgezappt und sind dabei auf ein interessantes Detail gestoßen: Unter „Laden" findet sich ein Menüpunkt, der „Bidirektionales Laden" heißt. Eine hochinteressante Entdeckung, denn das bedeutet, dass der ID.Buzz fürs Laden und Entladen bereits vorbereitet ist und der Erste in der VW-Palette sein wird, der diese Technologie unterstützt. Hinter diesem Begriff steht ein Konzept, das „Vehicle-to-Grid" genannt wird – kurz V2G. Oder auch V2H: „Vehicle to Home". Das Prinzip: Das Elektroauto wird nicht nur zum Laden angeschlossen, sondern intelligent in das Stromnetz eingebunden. Energiemanagementsysteme koordinieren dann automatisch die Aufnahme und Abgabe von Energie. Ziel dabei ist, die überschüssige Energie, idealerweise aus einer eigenen Photovoltaikanlage, im Fahrzeug zwischenzuspeichern. Bei Bedarf kann sie von dort entnommen werden, um die eigenen Stromkosten zu senken. Oder sie kann in das Stromnetz eingespeist werden. Die Batterie wird dabei nie vollständig entladen, damit das Auto für den nächsten Start voll funktionsfähig bleibt.

Eine Super-Feature, das wir leider noch nicht nutzen können, dazu müssen wir auch auf unserer Seite unsere Wallbox aufrüsten, was erst bevorsteht. Trotzdem: interessante Entdeckung …

Von links oben nach rechts im Uhrzeigersinn: Das Filmteam, unser ständiger Begleiter, die GoPro, Verena bei der Arbeit, erster Ladestopp in Augsburg, die Rossfeldstraße

Vierter Eintrag: Der 1. Tag – von Seekirchen nach Stuttgart

30-08-2022 Heute Morgen sind wir nun endlich gestartet, davor haben wir noch ein paar Aufnahmen mit der Drohne gemacht. Wunderbares Bild, wenn die Sonne über die Dachkante steigt und die ersten Strahlen unsere Photovoltaik-Paneele erreichen, von denen am anderen Ende das Kabel zum ID.Buzz führt.

An dieser Stelle lüften wir ein (offenes) Geheimnis: Wir sind auf diesem Roadtrip nicht nur zu zweit unterwegs. Ein dreiköpfiges Filmteam begleitet uns auf unserer Reise. Daraus soll eine TV-Dokumentation (Arbeitstitel „Elektrisch reisen") entstehen. Der Drohnenflieger ist Christian, unser Kameramann, begleitet wird er von Alexa, die hauptsächlich den Ton macht, und Michelle, die für Regie und Story verantwortlich ist. Und darum sind wir auch nicht einfach auf die Autobahn und schnurstracks nach Stuttgart, unserem ersten Zwischenziel, gefahren, sondern haben einen Umweg über die Roßfeldstraße und die Deutsche Alpenstraße genommen, um den ID.Buzz zuerst in lichte Höhen zu jagen und Verbrauch und Rekuperation (Rückgewinnung von Bremsenergie, die in Form von Strom wieder in die Batterie zurückgespeist wird) ordentlich auf die Probe zu stellen. Das hat unseren Verbrauch schon mal auf 18,3 kWh steigen lassen, ist aber immer noch erträglich, finden wir. Er fährt sich in jeder Situation souverän, gerade bei den Bergstraßen spielt er alle seine Qualitäten aus.

Weiter geht´s zum Chiemsee, dort auf die Autobahn mit Ziel Stuttgart. Das Navi im Buzz schlägt uns vor, entweder bis Stuttgart ohne Zwischenladen durchzufahren (Ankunft mit 11 % Batteriekapazität) oder kurz vorher nochmal zu laden. Wir negieren beide Vorschläge und steuern eine Ionity-Ladestation in Augsburg an. Wir sind anscheinend weniger mutig als das Auto. Augsburg Ost, eine Ionity-Station mit vier Ladepunkten, davon einer belegt. Gesagt, getan. Es dauert genau „einmal frisch machen", dann sind in 20 Minuten aus 26 % Restkapazität 87 % geworden. In Stuttgart haben wir schon vorgeplant: eine Schnelllade-Station in der Nähe eines entzückenden Vorstadt-Thai-Restaurants. Ergebnis: Frühlingsrollen, Tom Kha Gai und knusprige Ente, danach 100 % Kapazität sowohl für Auto, als auch für Leib und Seele.

Ein schon etwas anstrengender, aber E-Mobilitäts-technisch ein total unkomplizierter Tag.

P.S.: Eine wichtige Information zu Stuttgart: Die Anzahl der Radarfallen (ich bin ein Opfer) ist ebenso groß wie jene der öffentlichen 22-kW-Ladesäulen: rchtig hohe Dichte und eine gute Kombination mit der Parkbewirtschaftung: Alle Fahrzeuge mit E-Kennzeichen dürfen im öffentlichen Raum gratis parken. So geht E-Mobility-Government!

Verena und Leo

Fünfter Eintrag: Der andere Blick

30-08-2022 Und da war er wieder, mein Turbo-Leo ... Als sich vor einigen Monaten in unseren Köpfen die lustvolle Idee einer Reise durch die Bretagne formte, fiel uns bei einem guten Glas Rotwein ein, dass die südenglische Küste doch auch schon lange auf unserer Reise-To-do-list stand. Prompt war sie geboren, die Ärmelkanal(fast)umrundung. Unverzüglich verschickten wir an unsere Lieblings-Reiseagentur UMFULANA eine Angebotsanfrage.

Zu diesem Zeitpunkt hatte ich noch keine blasse Ahnung davon, welche Ausmaße dieser Roadtrip noch annehmen sollte. Ich tippe bewusst „Roadtrip'„ denn das Wort „Urlaub" musste ich ganz schnell aus meinem Denken verbannen ... Leo hatte offenbar nicht die geringste Lust, diese 5.000 Kilometer mit einem durchschnittlichen Auto abzufahren und besaß die Chuzpe, sich gleich ein Auto in den Kopf zu setzen, das überhaupt noch nicht serienreif auf der Straße fuhr: Sein Traumauto ist der Nachfolger des legendären VW-Bulli, der vollelektrische ID.Buzz.

Nach dem Motto „Lebe deinen Traum" klopfte er behutsam sein nach wie vor intaktes Netzwerk ab, um die Möglichkeiten auszuloten. Die Chance schien mehr als klein, aber nach einigem Hin und Her, Ab- und Zusagen, einer Menge Telefonate und E-Mails zwischen dem deutschen Herstellerwerk und dem österreichischen Importeur war es so weit. Leos Traum wurde wahr, der ID.Buzz sollte uns durch sechs Länder tragen. Die Freude war groß, doch es war eine Bedingung daran geknüpft: Es sollte uns bei der zweiwöchigen Ärmelkanalumrundung ein dreiköpfiges Filmteam begleiten, das für Servus TV eine knapp einstündige Reisedoku drehen wollte.

Drei beinahe schlaflose Nächte folgten. Wollte ich das wirklich? Auf Schritt und Tritt von einer oder gleich mehreren Kameras verfolgt zu werden? Den ganzen Tag mikroverkabelt durch die Gegend zu laufen und dabei möglichst natürlich zu agieren? Stets schlaue, aber pointierte Wortmeldungen parat zu haben und die möglichst nicht im für viele unverständlichen Salzburger Dialekt?

Es blieb mir nichts anderes übrig. Mitgefangen, mitgehangen. 42 Ehejahre sind ja nicht nichts. Ein Urlaub wird über Nacht zum Reiseprojekt, das in jedem Fall eines sein wird: unvergesslich.

Augen auf und durch.

Von links oben im Uhrzeigersinn: in vielen Gegenden gehören Windräder zum normalen Landschaftsbild, Schloss Bourglinster in Luxemburg, Kulturangebot im deutschen Hinterland

Sechster Eintrag: Der 2. Tag – von Stuttgart nach Luxemburg

31-08-2022 Stuttgart. Regen. Baustelle. In der ganzen Stadt. Stuttgart 21 mit all seinen Auswirkungen. Wir verlassen die Stadt um 9 Uhr und fahren in Richtung Luxemburg. Alle Akkus wieder auf 100, unsere inklusive. Die Fahrt ist mäßig spannend, alles grau in grau. Staus und Baustellen. Kann also nur besser werden. Wo laden wir heute? Wie immer ergibt sich was: Wir suchen ein Bistro oder ein Café am Rande unserer Stecke und stoßen im Ort Merzig im Saarland direkt an der Stadthalle auf eine 50-kW-Ladestation. Die Zeit, die man für einen Kaffee und einen Flammkuchen braucht, genügt fürs Nachladen auf 100 %. Wenig tröstlich ist, dass man zwar die Ankündigungen überall lesen kann, aber zum Auftritt der Chippendales und Nicole im Oktober nicht hier sein wird. Der Regen hört abrupt auf, die Sonne kommt heraus und alles ist wieder voller Farben. Die Autobahn ist gesäumt von PV-Farmen und Windrädern, warum man das nicht schön finden kann, ist mir bis heute rätselhaft.

In dieser Stimmung fahren wir weiter nach Luxemburg, ins reichste Land der Welt. Keine Ahnung, was das eigentlich bedeuten soll. Zwei Dinge, die mir auffallen: Alle Autos sind extrem sauber und Grünzonen im öffentlichen Raum sind wie mit einem Kamm gepflegt. Jetzt weiß ich, wo all die fehlenden Friseure hingekommen sind – nach Luxemburg als Gärtner.

Wir besuchen Schloss Bourglinster, eine wunderschöne Burg aus dem 13. Jahrhundert, in der bei Vollmond öfter auf der Schlossbrücke eine unheimliche weiße Gestalt gesichtet wird, die aus der Burgschenke heimkehrende, nächtliche Zecher in Angst und Schrecken versetzt. Das ist natürlich legendäre Vergangenheit, heute ist die Burgschenke ein würdiger Ort für ein vielfach ausgezeichnetes Fest der Geschmäcker, Aromen und Farben. Die Helden hier sind keine Ritter, sondern Pflanzen und Blüten, die Küchenchef René Mathieu auf den Teller bringt. Eine Küche der Extraklasse, in der das Pflanzliche sich selbst genügt. Das klingt wunderbar, das wäre es auch, hätte das vegetarische Restaurant LA DISTILLERIE nicht diese Woche wegen Urlaub geschlossen.

Bleibt uns nur, durch Luxemburgs Altstadt zu flanieren, etwas Ess- und Trinkbares zu suchen und anschließend müde ins Bett zu fallen. Morgen geht's weiter! Hoffentlich treffen wir beim Frühstück nicht auf das amerikanische Ehepaar, das uns beim Eintreffen im Hotel vor Begeisterung über den ID.Buzz fast bis ins Zimmer mit seinen Fragen verfolgt hat …

Beide Seiten: Impressionen in Luxemburg

BISTROT

2 COUR
DES
OMPTES

Von oben links nach rechts im Uhrzeigersinn: Sichtbare Trockenheit in Belgien, unsere Begleiter, die GoPros, Übersichtskarte, wunderschönes Luxemburg

Siebter Eintrag: Der andere Blick

31-08-2022 Nun hat es also begonnen, das „Reiseprojekt". Und in den ersten beiden Tagen hat uns unser verdammt hübscher, weiß-oranger ID.Buzz verlässlich und bequem (wunderbar ist der Panoramablick durch die großzügige Verglasung der Windschutzscheibe und des Seitenbereiches – in jedem Fall für die nächsten zwei Wochen unser kleines Königreich ...) durch sage und schreibe fünf Länder getragen: Good old Austria, Deutschland, Luxemburg, Belgien und Frankreich.

Luxemburg ist – ganz nebenbei erwähnt – ein wunderschöner, auch topographisch hochinteressanter Hotspot. Die Zeit, diesen ein wenig näher kennenzulernen, fehlte leider. Aber es kommt mit Sicherheit auf unsere „noch dringend zu bereisende Städteliste", selbst wenn in den Auslagen dieser superproperen Stadt nirgendwo Preisschilder zu finden sind. In Luxemburg – dem reichsten Land der Welt – „spricht" man offenbar nicht über Geld, man „hat" es...

Belgien durchfahren wir ebenfalls ohne nennenswerte Stopps, auch das zu unserem Bedauern. Unübersehbar ist die extreme Trockenheit, die quer durch alle Länder herrscht. Weite Landstriche, Wiesen und Felder sind durchgängig vertrocknet, Wälder sehen Anfang September aus wie im Spätherbst, so sehr hat sich das Laub bereits in absterbende Brauntöne geflüchtet. Ein besorgniserregender Anblick, der uns mehr als betroffen macht.

Meine Bedenken, mich durch die (im Übrigen ganz reizende) Filmcrew immer beobachtet zu fühlen, haben sich zwar bestätigt, aber irgendwie gewöhnt man sich allmählich daran. Gewisse Dinge sind bereits zur Routine geworden: winzig kleine Mikros, am T-Shirt angebracht, den Sender hinten am Hosenbund festgeklemmt und das schier endlose Kabel an der Vorderseite durchgefädelt und irgendwie unter die Kleidung reingewurstelt. Drei GoPros* (eine für den Fahrer/die Fahrerin, eine für den Beifahrer/die Beifahrerin und eine am Rücksitz nach vorne gerichtet montiert für den Blick auf die vor uns liegende Straße ...) filmen während der Fahrt jedes Überholmanöver, jeden Stau, aber auch jedes Hüsteln, jedes Gähnen, jedes Sich-gehen-lassen und auch jede noch so kleine Meinungsverschiedenheit. Das ist echt gewöhnungsbedürftig.

Aber wer weiß, vielleicht gewöhnen wir uns so sehr daran, dass wir die Rundum-Beobachtung bei der nächsten Reise sogar vermissen ...?

** GoPro: Amerikanische Action-Camcorder, klein, wasserdicht und robuster als herkömmliche Videokameras.*

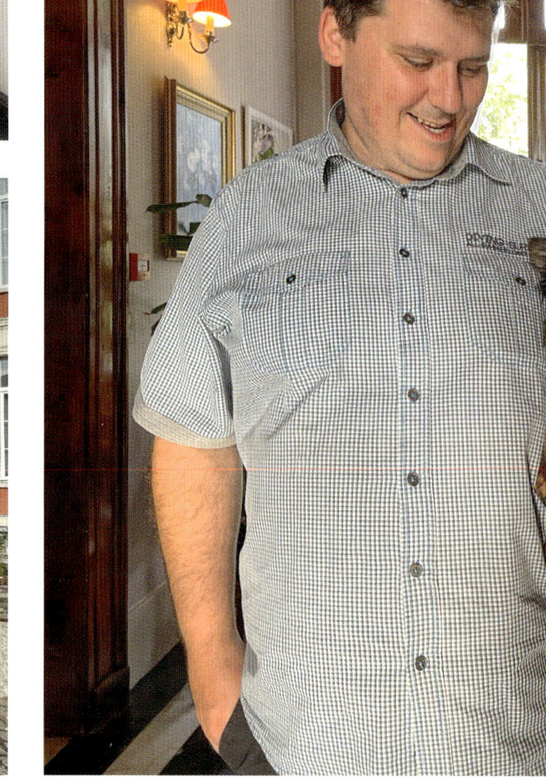

Von oben links nach rechts im Uhrzeigersinn: SUPER CHARGY, IONITY in Lille, Autowäsche, Der T4 mit Nasszelle, das Herrenhaus Aire-sur-la-Lys, Hausherr Cederic

Achter Eintrag: Der 3. Tag – von Luxembourg nach Aire-sur-la-Lys

01-09-2022 Mit 70 % Ladekapazität sind wir heute gestartet, weil es in der Hauptstadt Luxembourg weder eine Garage mit Ladepunkten noch irgendwelche öffentlichen Ladestationen in der Nähe unseres (entzückenden) Hotels mitten in der Altstadt gibt. Aber: In Luxemburg gibt es CHARGY, nach eigenen Aussagen ein Netzwerk mit mehr als 700 öffentlichen Ladestationen und noch dazu mit den allerschnellsten. So die Werbung: „ULTRA FAST CHARGER. 350 kW." Das wollen wir testen. Wir fahren in Richtung Brüssel und finden eine CHARGY-Station mit 8-ULTRA-FAST Ladepunkten. Einmal angeschlossen, starten mal knappe 70 kW, mehr werden es nicht. Enttäuschend. Da sind wir von IONITY anderes gewohnt. Wir laden trotzdem voll und gehen bei schönstem Wetter motiviert in die nächste Etappe. Nach Air-sur-la-Lys, wir werden dort in einem privaten kleinen Schloss übernachten.

Aber noch fahren wir durch Belgien, trinken Kaffee in einer denkwürdigen Raststation, wo es frisches Popcorn und Hot Dogs in Blechdosen gibt, und plaudern mit Menschen, die sich für unser Auto interessieren. Ein älterer Herr mit Hund und blaukariertem Hemd meint, er habe geglaubt, der E-Bulli sei inzwischen mehr eine Fantasie als Realität, umso überraschter sei er, ihn jetzt in freier Wildbahn zu sehen. Ein deutsches Pensionisten-Ehepaar aus Luxemburg – selbst mit einem T4 California unterwegs (langer Radstand mit integrierter Nasszelle) – zeigt sich interessiert, aber ladetechnisch skeptisch.

Jetzt stehen wir an einer IONITY-Station in der Nähe von Lille – leider laden wir hier auch nicht schneller. Man merkt deutlich, dass wir im Autobahnverkehr mehr Verbrauch haben, 23,3 kWh waren der Spitzenwert heute. Aber – wir kommen bisher unkompliziert voran, das Auto läuft wie auf Schienen, ein echtes Wohlfühlpaket, Laden funktioniert überall bisher. Jetzt noch ein kurzes Stück Frankreich, morgen geht es dann nach Calais und auf die Fähre nach Dover. Das wär´ doch was, wenn man mit leerem Akku auf die Fähre käme, das Auto anschließt und dann mit 100 % auf die britische Insel rollt ...

In Frankreich angekommen, waschen wir unseren E-Bulli, damit er für die Filmaufnahmen glänzt und beziehen ein Zimmer in einem kunstvollen Schloss aus dem 19. Jahrhundert in der Nähe der Stadt Aire-sur-la-Lys. Fünf Zimmer werden an Gäste vermietet, das Haus gehört Francis und Cederic, Vater und Sohn, beide aus Belgien, der flämischen Sprache mehr als mächtig. Vater kocht, Sohn macht alles andere. Dass dies auf Dauer nicht gut gehen kann, liegt auf der Hand. Vater Francis möchte zurück nach Belgien, Cederic das Schloss verkaufen und mit dem Erlös einen Bauernhof in Ungarn erwerben. Alles hier ist unglaublich, aber wahr. Nach einem Five-Course-Dinner, das von Vater Francis persönlich zubereitet wird, einer Flasche Bordeaux und zwei Calvados fallen wir ins mittelalterliche Himmelbett und schlafen den Schlaf der Gerechten ...

Von oben links nach rechts im Uhrzeigersinn: Die Fähre kommt an, Verena beim Warten, ID.Buzz als beliebtes Foto- und Fan-Motiv, köstliche Fish and Chips, die Kreidefelsen

Neunter Eintrag: Der 4. Tag – von Aire-sur-la-Lys nach West Wittering

02-09-2022 Da wir gestern die erste kleine Ladepleite hatten (die Ladestation bei der Feuerwehr im Dörfchen Aire-sur-la-Lys war nur über eine App zu laden, die ausschließlich in Französisch ausgeführt war und noch einige andere Probleme aufwarf – mit mehr Zeit und Hingabe hätte es wahrscheinlich geklappt ...), starteten wir mit 75% Ladekapazität in Richtung Calais. Die erste Fähre verpassten wir – wir vermuten, sie wurde mit der nächsten zusammengelegt – und verloren so eineinhalb Stunden. Die Überfahrt war von diesigem Wetter und Fish and Chips geprägt, trotzdem ist die Einfahrt in Dover beeindruckend, wenn die Kreidefelsen immer mehr Raum im Blickfeld einnehmen.

Endlich in England! Wir verließen die Fähre und hielten uns LINKS, LINKS, LINKS bis zur ersten Ionity-Station und luden problemlos in einer halben Stunde auf 100 %. Unbemerkt blieben wir dabei nicht, die Engländer können nämlich ihre Begeisterung für den ID.Buzz nicht verbergen. Jonny und Danny, die gerade ihren Golf an der Tankstelle mit Diesel füllten, entdeckten uns und stürmten über die Straße, ließen ihren Gefühlen freien Lauf, am liebsten hätten sie uns und das Auto gleichzeitig umarmt. Sie waren allerdings nicht die ersten, die britischen Zollbeamten und -beamtinnen ließen es nicht bei „I like your car" bewenden: Wir mussten auch alle Türen und Klappen öffnen, nur zum Zweck der Vorführung.

Das Wetter wurde langsam besser und wir machten uns auf den Weg nach Beachy Head, einer Landspitze an der englischen Südküste in der Nähe der Stadt Eastbourne in East Sussex. Der Kreidefelsen, Teil der South Downs, ist mit 162 Metern über dem Meeresspiegel der höchste in Großbritannien. Ihm schließen sich die „Seven Sisters" genannten sieben weiteren Kreideklippen an. Die gute Sichtbarkeit von Beachy Head vom Meer macht ihn zu einer Landmarke für Schiffe auf dem Ärmelkanal. 1831 baute man deshalb einen ersten Leuchtturm, das sogenannte „Belle Tout Lighthouse", auf einer Klippe knapp zwei Kilometer weiter westlich. Diese erste Klippenwanderung haben wir unserem Kameramann Christian zu verdanken, der hier schon mal gedreht hat. Ein absoluter Traum – die Kombination aus Kreidefelsen, Leuchtturm und Kieselstrand, eingehüllt in ein einzigartiges Licht, ist einfach betörend.

Eine weniger glückliche Hand hatten wir bei einem Abstecher nach Brighton, wir begruben die spontane Idee eines vorabendlichen Besuches aufgrund von Zeitdruck und Parkplatzmangel. Spätabends kamen wir dann erschöpft, aber voller schöner Bilder im nächsten Zwischenziel West Wittering an ...

Impressionen vom Beachy Head.

Von oben links nach rechts im Uhrzeigersinn: Es lebe der Asphalt und der Beton in Calais, buntes Steinesammeln, Birling Gap and the „Seven Sisters"

Zehnter Eintrag: Der andere Blick

02-09-2022 Immer wieder kommt einem zu Ohren, die Belgier könnten mitunter etwas seltsam sein. Aber seltsam kann ja auch in Richtung liebenswert und außergewöhnlich gehen. So würde ich Cederic, den Sohn des Schlossbesitzers Francis der „Moulin de Comte“ im gleichnamigen Dorf, sehen wollen. Cederic macht im Schloss fast alles alleine, es gibt keinen einzigen Angestellten. Er empfängt an der Rezeption, serviert das Frühstück und das Abendessen. Wie er uns anvertraute, reinigt er auch die Zimmer, überzieht die Betten selbst und dann ist da ja auch noch der Riesengarten ... Seine größte Freude scheinen seine 7 Chihuahua-Hunde zu sein, die er sich liebevoll und stolz in jeder freien Minute unter den Arm klemmt, selbstredend maximal paarweise und nur hintereinander. Unvergesslich, das von Papa Francis gekochte 5-gängige Menü mit dem Hauptgang, der auf viel zu kleinen Desserttellern serviert wurde und fast über die Ränder quoll.

Besonders gespannt war ich nach der Nächtigung in der „Moulin de Comte“ auf die klassische Fähren-Überquerung des Ärmelkanals von Calais nach Dover. In der Tat ist es sehr erhebend, wenn die berühmten Kreidefelsen von Dover durch den zarten Dunst näher und näher kommen. Allerdings habe ich noch nie in meinem Leben – außer vielleicht auf Flughäfen – so viel zusammenhängend zubetonierte Fläche wie in Calais gesehen, ein deprimierender Anblick.

Bedauerlicherweise präsentiert sich auch das sonst so saftiggrüne Südengland großflächig sehr trocken und ausgedörrt und schließt damit an die Verhältnisse in den vorigen fünf Ländern nahtlos an. Als wir im Jahr 2008 unsere Tochter anlässlich eines Studienjahres in Dartington/Devon besuchten, empfing uns die Vegetation noch verschwenderisch blühend und mit Grün in allen Schattierungen. Wie traurig ist es, dass der Klimawandel auch hier bereits gnadenlos zugeschlagen hat.

Bei der Weiterfahrt zu unserem Quartier in Chichester/West Sussex passieren wir atemberaubende Klippen, darunter auch die höchste Klippe Englands, und spazieren auf Stränden mit den schönsten bunten Steinen, die man sich nur vorstellen kann. Die Sonne verhält sich nobel zurückhaltend und scheint nur schemenhaft durch den Dunst, ein Traumlicht für jeden Fotografen. Leo macht atemberaubende Fotos und ist kaum mehr wegzubringen von dieser Szenerie. „Schwarzrüssel“-Tage nenne ich das, wenn man ihn nur mit Kamera und langem Objektiv vor dem Gesicht zu sehen bekommt. Wie glücklich er in diesen Stunden ist und dabei völlig Zeit und Raum vergisst…

Sehr spät am Abend erst checken wir in unserem Quartier „The Beachhouse“, einem einfachen aber sehr heimeligen Bed & Breakfast ein und fallen ziemlich erledigt ins Bett.

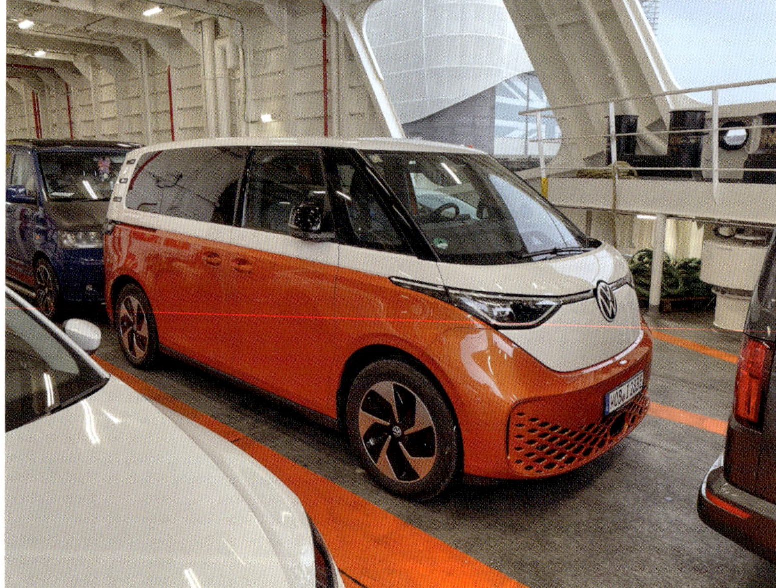

Von oben links nach rechts im Uhrzeigersinn: Pool Harbour, die kommandobrücke der Fähre, im Bauch des Schiffes, jede Wartezeit wird zum Putzen genützt, Passagier im Nachbarauto

Elfter Eintrag: Der 5. Tag – West Wittering und die Isle of Wight

03-09-2022 Da wir erst spätnachts in unserer Bleibe in West Wittering angekommen sind, ist die Überraschung am frühen Morgen umso größer. Das „Beachhouse" erweist sich als unglaublich gemütliches Bed & Breakfast, geschmackvoll eingerichtet. Im Frühstücksraum ein Tisch für uns vorbereitet für die Ankunft, auch wenn wir das vor lauter Müdigkeit nicht in Anspruch genommen haben. Umso schmerzhafter ist es, dass wir das Haus schon vor dem umfangreichen englischen Frühstück verlassen müssen, um die Fähre von Portsmouth auf die Isle of Wight nicht zu versäumen.

Die Überfahrt ist ruhig, zudem erhalten wir das Privileg, auf der Brücke vom Kapitän das Schiff erklärt zu bekommen. Sehr spannend, es ist ein Hybridantrieb aus Elektro und Diesel, im Hafen liegend läuft alles nur elektrisch, die Zukunft dürfte auch hier bei 100 % Elek trifizierung liegen, besonders für Kurzstrecken, meint der Kapitän. Hochinteressant, und vor allem clever von Michelle eingefädelt.

Jetzt zur Insel selbst. Die Isle of Wight ist Englands größte Insel, mildes Klima, sogar subtropische Pflanzen wachsen dort. Mein Zugang zu dieser Insel beginnt 1970, als dort das größte Rockfestival aller Zeiten stattfand. Rund 600.000 Menschen kamen auf die Insel, die Fähre von Calais nach Dover war voll mit Hippies vom Kontinent. Neben Jimi Hendrix, den Doors und dutzenden anderen Highlights traten auch Greatful Dead dort auf, deren Bandleader und Gitarrist Jerry Garcia wahrscheinlich einer der prominentesten Fans des legendären VW-Bullis war. Als der Friedens- und Freiheitsaktivist Garcia heimtückisch von südamerikanischen Großgrundbesitzern ermordet wurde, schaltete Volkswagen of America eine Anzeige mit einer Zeichnung: einem Bulli mit einer blauen Träne im rechten Auge (Scheinwerfer). Darum entscheide ich mich am Morgen beim Anziehen für ein weißes T-Shirt mit genau diesem Sujet darauf.

Wir beschließen, erst auf der Insel zu laden, direkt am Hafen gibt es eine 50 kW-Station, die – man glaubt es nicht – kaputt ist. Wir fahren weiter nach Ryde und finden dort – jetzt wird es eng – eine kaputte Ladestation. Aber, wo was Schlechtes passiert, erfährt man auch viel Gutes, denn just dort auf der Esplanade findet diesen Samstag eine riesige Oldtimer-Messe statt. Michelle fragt jemanden vom Personal, erzählt die ID.Buzz/Bulli-Geschichte mit maximalem Charme-Nachdruck und schon stehen wir mitten zwischen all den großartigen und geschichtsträchtigen Automobilen, darunter auch einige Bullis. Unser Buzz wird sofort umringt von neugierigen Automobilist:innen, wir erhalten einen Aufkleber und sind ab sofort Teil des Geschehens. Wir diskutieren, stehen Rede und Antwort, erklären, schwärmen, verteidigen und haben richtig Spaß dabei.

Alle Bilder, entstanden bei der „Classic Car Extravaganza Isle of Wight" in Ryde

Vor lauter Freude vergessen wir fast unser Lade-Defizit, aber es holt uns ein. Wir haben noch viel vor und müssen nun irgendwo Strom herbekommen. Die Diskussion mit Einheimischen bringt auch nur die Erkenntnis, dass dies kein Zufall ist, es gibt jede Menge Kritik und Unzufriedenheit über den Zustand der Lade-Infrastruktur. Christian, unser Kameramann, entdeckt bei einer Google-Suche eine Ladestation in einem nahe gelegenen McDonalds, und so wird aus einem fehlenden Frühstück ein Burger-Lunch mit Stromaufnahme, denn diese 50-kW-Ladestation funktioniert tadellos, noch dazu samstags gratis.

Wir verbringen noch eine schöne Zeit an der Westküste der Insel, besuchen den Botanischen Garten und beschließen den Tag mit einer Gin-Verkostung, ebendort entdecken wir drei 7-kW-Wallboxen (rührend!) und nutzen eine davon während des Aufenthaltes, auch wenn wir alle drei gleichzeitig gebraucht hätten.

Inzwischen ist es halb neun geworden, wir sind wieder auf der Fähre zurück und haben noch nicht zu Abend gegessen. Aber das Glück ist auf unserer Seite, denn in Chichester finden wir durch Zufall ein indisches Restaurant, das nicht nur bis 23:30 Uhr offen hat, sondern auch gerade mit dem „English Curry Award" ausgezeichnet wurde ...

Von oben nach unten: Ventnor Beach, nächliche Rückkehr nach Poole, köstliches prämiertes Curry zu später Stunde im „Masala City" in Chichester

Zwölfter Eintrag: So ganz nebenbei

Eine Story, die ich für diesen Roadtrip recherchiert habe, ist vielleicht auch ganz spannend und auch der Zusammenhang mit mir, dem VW-Bus und überhaupt.

Das Dorf West Wittering am Hafen von Chichester ist ein bekannter Aufenthaltsort für Prominente. Von Kate Winslet bis Michael Ball – eine ganze Reihe von Weltstars hat sich von dem kleinen Dorf in West Sussex verzaubern lassen. Auch Keith Richards von den Rolling Stones wohnt seit ewigen Zeiten hier, lest mal den recherchierten Text:

Einer, der sich in West Wittering verliebt hat, ist der Rolling-Stones-Rocker Keith Richards, der 1966 das berüchtigte Redlands Cottage kaufte. In seiner Autobiografie beschreibt er, wie er nach einer falschen Abzweigung auf ein „kleines reetgedecktes Cottage" stieß. Nachdem der Besitzer (der als „sehr pubertärer Ex-Commodore der Royal Navy" beschrieben wird) Richards angesprochen hatte, fragte er ihn, ob er auf der Suche nach einem Haus zum Kauf sei. Nur wenige Monate nach dem Kauf des Hauses aus dem 13. Jahrhundert für 20.000 Pfund wurde es zum Zentrum eines nationalen Skandals, in dessen Folge Richards und Jagger zu vier Monaten Gefängnis verurteilt wurden. Es war ein Schlüsselmoment der 1960er Jahre, der in der Musikindustrie, der Presse und der britischen Drogenkultur nachhallte. „Für die einen ist es ein entscheidender Moment in der Geschichte, der Punkt, an dem ein marodes Establishment anfing, sich aufzulösen. Für andere war der Drogenprozess der Rolling Stones ein weiterer Nagel im Sarg der altmodischen britischen Werte", schrieb Anthony Barnes im „Independent."

Jagger und Richards wurden nach einer Razzia in ihrer Hütte festgenommen, aber ihre Kollegen aus der Musikindustrie starteten eine massive Werbekampagne, um sie zu unterstützen und ihre Verfolgung zu kritisieren. Damals kam es zu keinen Verhaftungen, aber Jagger und Richards wurden später wegen Drogendelikten angeklagt. Als die Polizei bei dem Haus eintraf, glaubte sie, dass Jagger, Richards und Faithfull von einem ganztägigen Acid-Trip zurückkamen. In seiner Autobiografie beschrieb Richards später seine Perspektive des Überfalls: „Es klopft an der Tür, ich schaue aus dem Fenster, und draußen steht ein ganzer Haufen Zwerge ... Ich war noch nie zuvor verhaftet worden, und ich bin immer noch auf LSD." Die Polizei fand nicht viele Anzeichen für illegale Aktivitäten: ein paar Kakerlaken, einige Amphetaminpillen von Jaggers italienischem Lieferanten und eine kleine Menge Heroin. Am 29. Juni 1967 wurde Jagger wegen des Besitzes von vier Amphetamintabletten zu einer Geldstrafe von 200 £ und einer dreimonatigen Haftstrafe verurteilt. Richards wurde für schuldig befunden, das Rauchen von Cannabis auf seinem Grundstück erlaubt zu haben, und zu einem Jahr Gefängnis und einer Geldstrafe von 500 £ verurteilt. Sowohl

Jagger als auch Richards wurden zu diesem Zeitpunkt inhaftiert: Jagger wurde in das Brixton-Gefängnis im Süden Londons gebracht und Richards in das Wormwood-Scrubs-Gefängnis im Westen Londons. Einen Monat später wurde Richards' Strafe in der Berufung aufgehoben und Jaggers Strafe in eine bedingte Entlassung umgewandelt (obwohl er am Ende eine Nacht im Londoner Brixton-Gefängnis verbringen musste). Richards verbrachte eine Nacht im Gefängnis und sagte, dass die anderen Insassen ihn respektvoll behandelten. „Der Richter hat es geschafft, mich über Nacht in einen Volkshelden zu verwandeln", sagte Richards später, „seither spiele ich mich auf." Nach Keiths hektischer Zeit in Redlands während der Blütezeit der Rolling Stones nutzt er es nun als Rückzugsort, wenn er nach Großbritannien zurückkehrt. Und trotz seiner hektischen Aktivitäten nach dem Kauf des Hauses war er wild entschlossen, seine Ruhe in der Nähe seines Hauses zu bewahren. Im Jahr 2002 legte er sich mit dem Grafschaftsrat von West Sussex an, weil Wanderer einen Weg benutzten, der nur 11 Meter von seinem Haus entfernt verlief. Er schlug vor, den Fußweg auf die andere Seite des Feldes zu verlegen, aber einem Bericht des Independent zufolge hatten die Planungsbeamten bereits empfohlen, den Vorschlag abzulehnen. Im Jahr 2016 gehörte er zu einer ganzen Reihe von Einwohnern von West Wittering, die sich gegen die Pläne für den Bau eines 1,5 Millionen Pfund teuren neuen Cafés am Strand aussprachen. Er meinte: „Das Restaurant beeinträchtigt die natürliche Schönheit des Strandes ..."

Stellt sich die Frage: Was hat das mit dem VW-Bus bzw. mit Leo zu tun? Volkswagen hat in den 90ern eine Initiative für Pop-Musiker gestartet: die Volkswagen Sound Foundation. In ganz Europa, auch in Österreich. Der Projektleiter für Österreich war ich. Wir haben VW-Busse als Tour-Busse für junge Nachwuchsbands vergeben, Bühnen zur Verfügung gestellt und Beratungen durchgeführt, während die große VW-Mutter europaweite Open-Air-Konzerte veranstaltet hat. In Österreich war ich verantwortlich, es gibt ein einziges Foto vom Meet & Greet, auf dem wir beide (Keith und ich) zu sehen sind ...

Suchbild: Wo ist Leo?

Von oben links nach rechts im Uhrzeigersinn: der Botanische Garten in Ventnor, das Küstengewächs Meerfenchel, ein Ginbrenner bei der MERMAID Gin Factory

Dreizehnter Eintrag: Der andere Blick

03-09-2022 Der frühe Aufbruch und der Verzicht auf ein richtiges englisches Frühstück haben sich ausgezahlt. Wir erreichen früh am Morgen pünktlich die Fähre in Portsmouth, die uns in 40 Minuten auf die Isle of Wight trägt. Die größte Insel Englands besticht durch ihr schon beinahe exotisches Klima, beeindruckende Klippen und naturbelassene Strände. Die Insel ist im Sommer das Traumziel vieler sonnenhungriger Engländer und Touristen.

In Ryde schummeln wir uns frech in eine Oldtimerausstellung und stellen uns mitten hinein neben einen Bulli T1 aus dem Jahr 1969. Von diesem Augenblick an geht es zu wie auf einer Automesse, wir kommen kaum nach mit der Beantwortung der immer gleichen Fragen nach Reichweite, Komfort und Raumgefühl. Überhaupt begegnen uns in England viel Sympathie und Enthusiasmus für den ID.Buzz. Viele sprechen uns an, stellen neugierige Fragen und zeigen eine fast schon kindliche Begeisterungsfähigkeit. So entstehen viele Begegnungen, die sonst sicher nicht stattfinden würden. In vielen entgegenkommenden Autos gehen die Daumen nach oben und der Anblick des ID.Buzz zaubert so manchem ein breites Grinsen ins Gesicht. Nice.

Nach dem Besuch des Botanic Garden in Ventnor, der im Gegensatz zu den sonst so geordneten englischen Gärten bewusst wie ein Dschungel angelegt ist, steuern wir unser nächstes Ziel an: eine Destillerie, spezialisiert auf Gin-Produktion. Das Besondere hier ist die Tatsache, dass nur Botanicals von der Insel verwendet werden, wie Wacholder, Iriswurzel, Holunderblüten, Zitronenschale, Hopfen, englischer Koriander, Angelikawurzel, Süßholzwurzel und: Meerfenchel, eine ganz typische Pflanze an der Küste. Das alles mit Quellwasser der Isle of Wight. Eine schöne Haltung der Gin-Brenner: alles lokal und umweltfreundlich. Verkosten war nur für die Beifahrer möglich, aber zumindest haben wir eine Flasche gekauft und mit nach Hause genommen.

Die Wartezeit auf die Fähre von Fishbourne zurück nach Portsmouth überbrücken wir mit dem schriftlichen Zusammenfassen unserer Eindrücke. Mild und nahezu windstill verläuft die abendliche Fahrt zurück zum Festland. Mit einem hervorragenden Abendessen in Englands bestem indischen Restaurant und der halben Stunde Rückfahrt zu unserem heimeligen „Beachhouse"-B&B beenden wir diesen feinen Tag.

Bis jetzt war das Programm so dicht, dass am Abend jede Energie aufgebraucht war, aber die Lust steigt, mit der liebenswerten Filmcrew nach dem Abendessen an einem der beiden letzten Abenden In England noch ein Pub zu besuchen. Let's see ...

West Wittering Beach, oben links: „Beachhouse“ mit dem großartigen englischen Frühstück

Vierzehnter Eintrag: Der 6. Tag – von West Wittering nach Corfe Castle

04-09-2022 Tag 6 beginnt mit einem fulminanten Frühstück bei herzlichen Gastgeberinnen im „Beachhouse" West Wittering. Pam empfängt uns begeistert mit der Information, dass sich das Interesse der Bevölkerung an ihrem Parkplatz signifikant gesteigert hat, seit unser Wagen vor der Tür steht. Das bestätigt unsere Erfahrung: Seit wir in England sind, führen wir – wenn wir uns in der Nähe des ID.Buzz aufhalten – ununterbrochen Gespräche und geben Auskunft. Die Begeisterungsfähigkeit der Briten ist nicht enden wollend.

Wir wollen West Wittering nicht verlassen, ohne einen Strandspaziergang gemacht zu haben. Der Beach zählt zu den schönsten Stränden Englands, und das zu Recht. Er ist völlig naturbelassen, und die unglaubliche Weite – besonders bei Ebbe – lädt geradezu zum Seelebaumelnlassen ein. Obwohl das Wetter so herumzickt, bekommen wir eine Vorstellung davon, dass man hier Tage verbringen könnte, wenn man denn nicht weiter müsste, so wie wir.

Wir machen uns, nachdem wir das Auto bei einem Supermarkt in Chichester problemlos aufgeladen haben, auf den Weg nach Dorset. Corfe Castle ist unser nächstes Ziel, es liegt in den Purbeck Hills auf der Isle of Purbeck, einer Halbinsel an der Küste Dorsets. Die umliegende Landschaft allein ist unglaublich malerisch und mit vielen idyllischen Dörfern gesprenkelt. Der Küstenstreifen zwischen Orcombe Point und der Isle of Purbeck, die Jurassic Coast, wurde als erste Naturlandschaft in England von der UNESCO zum Weltnaturerbe erklärt.

Wir besuchen Kimmeridge Bay, das in einem besonderen Meeresschutzgebiet liegt und spektakuläre Ausblicke zulässt. Dort treffen wir eine Gruppe Aktivisten:innen, die sich für die Reinigung der lokalen Küste einsetzt, eine unabhängige Organisation mit umweltfreundlichen Naturliebhabern, die alle Strandreiniger und Müllsammler der Jurassic Coast zusammenbringen wollen (https://cleanjurassiccoast.uk). Sie glauben daran, dass man nur gemeinsam stark ist, und durch Zusammenarbeit ist viel mehr zu erreichen.

Tatsächlich ist es hier – wie auch an anderen Küsten – ein riesengroßes Problem: In unseren Meeren schwimmen Plastikinseln, die größer sind als ganze Länder! Unzählige Delfine, Schildkröten und Seevögel sterben, weil sie die Kunststoffteile mit Nahrung verwechseln oder sich darin verheddern. Genau dagegen kämpft diese Gruppe. Im Gespräch mit den sympathischen Umweltkämpfer:innen rund um Roy Beal werden wir uns einig: Es geht nicht nur um Sammeln und Recycling – auch wenn das ein erster großer Schritt ist – um die Plastikkrise in den Griff zu bekommen, brauchen wir eine Lösung, die dem Ausmaß des Problems entspricht. Einzelne

Kimmeridge Bay: Wir treffen das Team von CLEAN JURASSIC COAST.

Länder haben zwar versucht, Maßnahmen gegen den Plastikmüll zu setzen, doch globale Produktionsketten und illegaler Müllhandel bremsen jeden Fortschritt. Es braucht daher eine globale Vereinbarung, die das Problem weltweit bei der Wurzel packt: bei der Herstellung und bei der Vermeidung!

Wir zeigen den Strandreinigern noch unseren ID.Buzz und erzählen etwas über die darin verwendeten Materialien – keine tierischen Stoffe mehr, die Sitzbezüge aus 10 % Meeresplastik und 90 % PET-Recycling. Es gefällt ihnen, aber ihre Meinung dazu: Das ist ein guter Anfang, aber es gibt noch viel zu tun.

Wir trennen uns nach einem verwackelten Selfie in der Dunkelheit und fahren mit einem guten Gefühl zurück nach Corfe Castle in unsere Unterkunft.

Von oben links nach rechts im Uhrzeigersinn: Bullitreffen im Mortons Manor, mit dem Kajak zu den Klippen von Middle Beach, die Klippen, Blick auf Middle Beach

Fünfzehnter Eintrag: Der 7. Tag – Corfe Castle und Middle Beach

05-09-2022 Der Tag begrüßt uns mit einem Sonnenstrahl, der durch das Fenster unseres burgartigen Hotels in Corfe Castle fällt. „Mortons Manor" heißt es, ein „ehrwürdiges" Haus ganz nah an der historischen Ruine. Alles ist historisch hier, zufällig steht auf dem Parkplatz auch ein Bulli, neben den wir uns selbstbewusst eingeparkt haben. Wir freuen uns, denn heute haben wir eine Kajaktour geplant, in Middle Beach. Von allen Stränden in Studland ist Middle Beach wahrscheinlich der ruhigste und der kleinste. Hier treffen wir Dan, er leitet mit seiner Frau Jade ein kleines Unternehmen: ForeAdventure, ein „Outdoor-Abenteuer-Business", wie er es bezeichnet. Sie bieten alle Arten von Abenteueraktivitäten an, darunter Kajakfahren, Stand-Up-Paddle-Boarding, Schnorcheln und etwas ganz Besonderes: Nahrungssuche. Gemeint ist damit das Suchen, Entdecken und Ernten von Seaweed (Seetang). Das buchen wir in Kombination mit einer Kajak-Tour und einem kleinen Lunch.

Gesagt, getan. Wir pressen uns in die mehr oder weniger gemütlichen Neopren-Anzüge nebst Windjacke und Schwimmweste und paddeln los. Unser Ziel sind die Kreidefelsen am Ende der Bucht, neben uns Dan, unser Guide, wir geben unser Bestes im Zweier-Kajak. Dan erzählt uns alles über Gegend, Region und Land, und als das auch schon erzählt ist, erfahren wir noch so manches von seiner Familie und seinen Freunden. Es wäre nicht England, würde es nicht pünktlich zur Abfahrt zu regnen beginnen, Wasser also von unten und von oben. Nach einer guten Stunde Fahrt landen wir bei den Kreidefelsen und suchen den Seetang, relativ einfach, weil Dan alle Plätze kennt. Schön sieht er aus, wenn er glänzend auf den Felsen liegt. Wir ernten einen kleinen Sack davon und paddeln zurück. Im seichten Wasser tummeln sich Möwen und Reiher, einmal fliegt sogar ein ganzer Schwarm Gänse in Formation über uns hinweg. „Ein untrügliches Zeichen dafür, dass der Herbst eingesetzt hat", meint Dan.

Bei Sonnenschein landen wir an am Strand von Middle Beach, befreien uns vom Neopren und machen uns mit Dan ans Kochen in seinem alten Citroën-Van. Er hat Muscheln mitgebracht vom Markt, die kommen mit dem Seetang in eine Pfanne, dazu eine riesige Menge an gesalzener Butter, serviert wird das alles mit französischem Weißbrot. Und es schmeckt: delikat, großartig, man kann gar nicht mehr aufhören. Der Seetang gibt dem Ganzen ein Meeres-Aroma und einen salzigen Geschmack, selten haben wir so etwas gegessen.

Dazwischen geben wir geduldig Auskunft über den ID.Buzz, helfen beim Selfiemachen und chatten mit diversen australischen Angehörigen von Schaulustigen, weil die wissen wollen, wann denn der Microbus dort eingeführt wird. Überhaupt sind das Interesse und die Sympathie für das Auto riesengroß, allerdings ist das auch der

Die Klippen von MIddle Beach, Dan beim Ernten und Kochen von Seaweed ...

Dichte der VW-Busse in Südengland geschuldet. Nie zuvor habe ich so viele Bullis, etliche davon umgebaut zu Camper-Vans, gesehen.

Vielleicht noch eine Anmerkung zum Laden: Weil wir morgen sehr früh zur Fähre nach Frankreich aufbrechen und dann noch eine endlos lange Strecke bewältigen müssen, sind wir aufs Laden noch an diesem Abend angewiesen. Wir kombinieren es mit dem Abendessen (in einem völlig abgefahrenen asiatischen Fusion-Restaurant in Poole) und machen wieder einmal eine 50/50-Erfahrung. Die erste funktioniert nicht, die zweite schon ...

Nachtrag: Seetang gilt als eine der großen Hoffnungen bei der Ernährung der wachsenden Weltbevölkerung. Zahlreiche Unternehmen werden zurzeit genau deswegen gegründet, hier ein interessantes Beispiel: www.seaweedsolutions.com

Von oben links nach rechts im Uhrzeigersinn: Verena beim medienwirksamen Seaweed-Ernten, unterwegs auf dem Wasser, Michelle im Neopren, Dans Food-Truck

Sechzehnter Eintrag: Der andere Blick

05-09-2022 Mich in einen feuchtkalten, hautengen Kunststoffoverall zu zwängen, darüber noch Jacke angezogen, Schwimmweste geschnallt und knapp unterm Kinn eine Gopro für Sprachaufnahmen montiert, gehört jetzt zugegebenermaßen nicht zu den ersehnten Urlaubsfreuden. Was danach folgte, kann man aber zweifelsfrei dazu zählen: das erste Mal im Leben in einem Zweier-Kajak die Meeresküste bei Studland entlangzupaddeln, noch dazu mit einem ortskundigen Guide namens Dan, der uns in schwerem Dorset-Dialekt die Welt erklärt. Die See ist etwas unruhig und wir hegen den Verdacht, dass er uns über das anstrengendste Stück „drüberplaudern" möchte. Er erzählt uns von seinen drei Töchtern, seinem Cousin, von der englischen Polizei und überhaupt von seinem Leben, dass Tag für Tag mitten in und im Einklang mit der Natur stattfindet. Er strahlt ein Glücklichsein und Angekommensein aus, das seinesgleichen sucht.

Nach dem etwas anstrengenden Gegen-die-Wellen-Paddeln erreichen wir eine Bucht, die uns „Shelter" bietet. Die See wird spürbar ruhiger, wir beobachten Möwen, Kraniche und „Oystercatcher", die mit ihren hübschen orangen Schnäbeln aus den Möwenmassen, die am Strand nach Essbarem suchen, herausstechen. Dan drückt uns eine aufgewickelte Angelschnur mit einem kleinen Blinker und Haken am Ende, in die Hand. Wir sollten doch so gut sein, diesen auszuwerfen, die Schnur bis zur fünffachen Bootslänge abzuwickeln und hinter uns herzuziehen. Die Aufwickelspule klemmt man sich unter den Oberschenkel, damit man sofort merkt, sollte ein Fisch angebissen haben. Er wäre sehr daran interessiert, einen solchen für den mittäglichen Griller heimzubringen. Leider war uns beiden kein Anglerglück beschieden, das Mittagessen fand trotzdem statt und war auch ohne Fisch delikat.

Leichter Regen setzt ein. (Es werden bei unserem Englandaufenthalt die einzigen beiden Stunden sein, in denen es durchgängig regnet.) Wir paddeln noch bis zu einem großen Felsmassiv, legen in einer kleinen Bucht an und ernten ... Seaweed! Dan erzählt uns seelenruhig, was man alles daraus kochen kann, wie gesund es sei und wie wohlschmeckend. Das fedrige olivgrün-braune Gewächs trägt kleine Kügelchen, die winzigen Oliven ähneln. Diese kann man wie Luftkissenfolie zwischen den Finger zerplatzen lassen, Kinder lieben das, erzählt Dan.

Die Rückkehr zum Ausgangspunkt ist weniger anstrengend, weil uns die Strömung in die angestrebte Richtung trägt. Wir haben viel Spaß bei diesem feuchtkalten Ausflug, nicht zuletzt, da uns unser Filmteam natürlich von allen Seiten aufnimmt und auch die Drohne uns von der Luft aus stets treu begleitet. (Insider: Die etwas chaotische Kajakfahrt von Michelle und Alexa bleibt unvergessen ...)

Linke Seite: die Klippen von Middle Beach. Rechte Seite: die Filmcrew beim Muschelessen, das Dinner im „Drgnfly Pan Asia"

Dan wirft in seinem urigen Foodtruck eine Menge gesalzene Butter in die Pfanne, zwei Handvoll Seaweed dazu, kurz angedünstet, dann die „clams" (Venusmuscheln), getrocknetes Seaweed als Gewürz, das ganze fünf Minuten gedünstet. Die Muscheln öffnen sich, es entsteht ein Saft, der duftet, als wäre konzentrierte Meeressenz in der Pfanne. Dazu gibt es frisches Baguette und fertig. Die Meute fällt hungrig darüber her, bis auch die letzte Muschelschale ausgekratzt ist. Herrlich!

Nach der überaus herzlichen Verabschiedung von Dan und seiner sympathischen Frau Jade drehen wir im Hotel „Mortons Manor" in Corfe Castle noch ein Interview über die Eindrücke, die England hinterlassen hat. Danach ist zum ersten Mal in dieser ersten Woche eine kurze Ausruhpause möglich. Nach einer guten Stunde fahren wir nach Poole, laden den Buzz und treffen unsere Filmcrew zu einem fantastischen Abendessen im „Drgnfly Pan Asia".

Siebzehnter Eintrag: Der 8. Tag – Zwischenbilanz

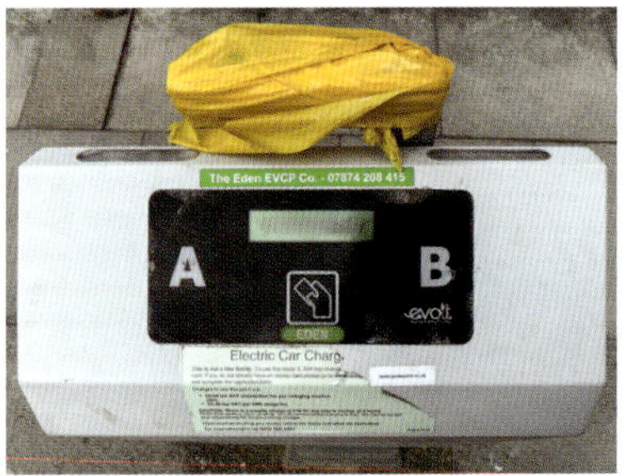

06-09-2022 Heute ist der letzte Tag in England, frühmorgens verlassen wir die südenglische Küste und quetschen unseren ID.Buzz in Poole auf die Fähre nach Cherbourg, von dort geht es dann weiter ins bretonische Perros-Guirec. Ein „Überstellungstag".

Zeit für eine Mobilitäts-spezifische Zwischenbilanz, schließlich haben wir gut die Hälfte hinter uns: 2.200 reine Straßenkilometer ohne die Distanzen der Fähren, zählt man die dazu, wären das nochmal 134 km für Poole-Cherbourg und 33 km für Calais-Dover, also 2.367 km. Der ID.Buzz hat sich als idealer Reisegefährte profiliert, wir gleiten leise und unbeschwert durch die Landschaft, das Fahrwerk bietet ein Maximum an Komfort, die hohe Sitzposition und der Panoramablick nach vorne sind wie Roadmovie im Kino, der Klang der verbauten Multimediaeinheit lässt keine Wünsche offen, wie zuhause von der Stereoanlage. Noch haben wir keinen Makel entdeckt. Wie ist es also mit dem Laden? Ausgehend vom Verbrauch, der je nach Fahrweise und Geschwindigkeit zwischen 18,9 und 23,2 kWh/100 km ausmacht, laden wir etwa alle 250 bis 300 km. Das ist auf Autobahnen kein Problem, geht schnell, besonders die IONITY-Ladeparks erledigen das untadelig. Verlässt man die Route in Richtung Landstraße, sinken die Maximalwerte schon mal auf 50 kWh, wesentlich öfter aber auf 22 bzw. 11 kWh. Das ist alles machbar, wenn man es mit Essenspausen oder Besichtigungen kombiniert, es erfordert meistens aber einen gewissen Planungsaufwand. Was noch erschwerend hinzukommt, ist oft die mangelnde Verlässlichkeit der kleineren Stromanbieter. Man begegnet defekten Ladesäulen, manche schlecht erklärt und nur in der Landessprache, viele davon nur über eine App zu bezahlen, die dann z.B. keine 4-stelligen Postleitzahlen bei der Registrierung akzeptiert. Von registrierungspflichtigen Ladepunkten wenden wir uns sofort ab und fahren weiter, das lohnt sich nicht. Eine Anmerkung in Richtung Ladeanbieter. Bitte nehmen Sie sich ein Beispiel an anderen Dienstleistern wie z.B. Tankstellen, dort findet man keine unkommentiert kaputten Zapfsäulen, bezahlen kann man mit jedem gängigen Zahlungsmittel und der Preis ist auch immer transparent. Zudem tankt man dort immer überdacht und muss nicht mit dem Zapfhahn im strömenden Regen herumturnen.

Unterstrichen wird das alles noch von unserem heutigen Laderlebnis. Die erste Ladegelegenheit, die wir auf dem Weg von Cherbourg nach Perros-Guirec angesteuert haben, war eine 150-kW von Lidl. Sowohl Navi als auch Google Maps führten uns an einen ganz anderen Ort – den Standort des früheren Lidl-Marktes, wie wir später von einem Tesla-Fahrer erfuhren. Als wir dann den neuen Standort gefunden hatten, waren die 150 kW nur mehr 120 kW und während wir luden, konnte der Tesla-Fahrer vom zweiten Ladepunkt nichts anzapfen – zu wenig Strom für beide vorhanden. Zwei Stunden später wieder ein Lidl-Ladepunkt, diesmal musste man via Smartphone zahlen. Nach dem Registrierungs-Prozedere erfuhren wir, dass von den 120 kW nur 60 zur Verfügung standen und im zweiten Schritt – richtig, dass zu wenig Strom vorhanden sei, weil neben uns ein Zoe an einer 22-kW lud. Mit 16 % Speicher erreichten wir eine Total-Tankstelle mit 175-kW-Ladepunkt, die aber urlangsam war, nämlich 30 kW, d.h., nicht überall, wo 175 draufsteht, ist auch 175 drin. Wir waren in unserem Hotel zum Dinner eingebucht, das leider ohne uns stattfand ...

Fazit:

Pessimistisch betrachtet: *Abseits der Autobahnen ist unsere Erfolgsquote bei Ladepunkten 50 %. Die Hälfte funktioniert einwandfrei, die andere Hälfte nicht oder ist zu kompliziert und zeitraubend.*

Realistisch betrachtet: *Niemals sind wir in die Situation gekommen, liegenzubleiben, und außer, dass man sich über so manche Unprofessionalität ärgert, nimmt man keinen weiteren Schaden. Es überwiegt immer die Freude am elektrischen und lokal emissionsfreien Reisen.*

Und optimistisch betrachtet: *Wir glauben daran, dass sich die kritisierten Umstände Jahr um Jahr, Monat um Monat verbessern werden.*

Von oben links nach rechts im Uhrzeigersinn: „Mortons Manor", die Burgruine von Corfe Castle, über dem Ort thronend, auf der Fähre. Rechte Seite: Bistro „Le Digor Kalon"

Achzehnter Eintrag: Der andere Blick

06-09-2022 Wir nehmen Abschied von Corfe Castle, der Burgruine, die wir aus Zeitgründen immer nur von der Straße aus gesehen haben, dem ehrwürdigen „Mortons Manor“ und fahren frühmorgens zum Hafen. Die fünfstündige Überfahrt mit der Fähre vom englischen Poole nach Cherbourg/Normandie verlief sehr angenehm und ohne nennenswerte Zwischenfälle, sieht man ab von der undurchschaubaren, chaotisch anmutenden Auffahrts-Logistik hunderter Fahrzeuge aller Art, nebst Radfahrern und Weitwanderern auf die riesige Fähre. Nach einem Frühstück und etwas nachgeholtem Schlaf ist die Stimmung prächtig und wir freuen uns auf das ursprüngliche Ziel unserer Reise: die Bretagne.

Über den Rest des Tages – auf der weiten Fahrt ins nächste Quartier in Perros-Guirec – sei an dieser Stelle ein gnädiger Mantel des Schweigens gebreitet, was die Ladeinfrastruktur betrifft. Leo wird seinen Unmut mit Sicherheit bloggen, er kann gar nicht anders ... Spät abends – nachdem wir den reservierten Tisch in unserem Hotel „Le Manoir du Sphinx“ (Herrenhaus der Sphinx) aus Zeitgründen canceln mussten, fallen wir ziemlich ausgehungert in das höchst originelle Bistro „Le Digor Kalon“ in Perros Guirec ein und trinken zum ehrlichen, einfachen Bistrot-Essen mit Hochgenuss den ersten Cidre brut. Santé!

Neunzehnter Eintrag: Der 9. Tag – Bretagne!

07-09-2022 Côte de Granit Rose – ein Begriff, der schon in der Wortmelodie Schönheit verströmt und eigentlich mehr an ein Chanson erinnert als an eine Küste. Dennoch zählt die „Rosa Granitküste" im Norden der Bretagne mit ihren bizarren Felsformationen aus rosa farbenen Steinformationen zu den spektakulärsten Sehenswürdigkeiten der Bretagne. Wind und Wellen schufen dort eine surrealistische Welt aus bizarren Formen. Die spektakulärsten Felsformationen besitzen eigene Namen und einige Felsen ragen bis zu 20 Meter hoch aus dem Meer auf. Im Hafen des Badeortes Ploumanac'h erhebt sich der bekannteste Fels der Côte de Granit Rose. Er trägt den bezeichnenden Namen „Napoleons Hut" und erinnert mit seiner Form an den Dreispitz des französischen Feldherrn und selbst ernannten Kaisers. Der Kontrast zum tiefen Blau des Meeres sowie der unterschiedlich intensive Lichteinfall lassen die Felsblöcke der Côte de Granit Rose zu jeder Tageszeit strahlen – mal in Rosa, mal rötlich. Leuchtend orange kommen sie dann in den Abendstunden daher, wenn die untergehende Sonne die Côte de Granit Rose in das entsprechende Licht taucht. Es ist ein Farbenspektakel, das seinesgleichen sucht.

Wir verlassen am Morgen unser Hotel, das sich ebenso spektakulär direkt an der Küste erhebt, mit einem atemberaubenden Ausblick, den wir letzte Nacht nur erahnen konnten, heute Morgen beim Aufwachen wurde er Wirklichkeit. Wir entschließen uns zu einer Wanderung und fahren nach Porz Scaff, wo ein Rundwanderweg seinen Anfang nimmt, der am „Le Gouffre" und am „Maison entre les deux Rochers", einem Haus, das sich zwischen zwei Felsen zwängt, vorbeiführt. Vor über 150 Jahren erbaut, ist das alte Häuschen heute das wohl beliebteste Fotomotiv der Bretagne. Das kleine Haus mit den weißen Fensterläden schmiegt sich in den Felsen und verschmilzt mit ihm zu einem unvergesslichen Bild. „Le Gouffre", ein tiefer Einschnitt in den markanten Felsen an der Küste, in den das Meer donnernd eindringt, erweist sich allerdings als harmlos, was vor allem der Ebbe geschuldet ist. Also kein Donnern und Zischen im Meeresschlund.

Dieses Donnern erleben wir dann am Abend, wo wir zum Leuchtturm von Ploumanac'h hinausfahren, um von dort den Sonnenuntergang zu genießen. Wunderschön, wenn die Granitfelsen die warme Farbe der Sonne annehmen, die Schatten immer weicher und länger werden und die bizarren Felsformationen zu Lebewesen erwachen. Berührt von diesem Erlebnis fahren wir zurück nach Perros-Guirec und nehmen unser Abendessen in einer kleinen Crêperie ein, die sich ganz dem Bio-Gedanken verschrieben hat. Der junge Besitzer Clément Meslinach hat sich nach einem abgebrochenen Physiotherapie-Studium in Belgien neu orientiert und vier Jahre lang in Sterne- und Gourmetrestaurants gearbeitet. Diese Erfahrung hat ihm genug Selbstvertrauen gegeben, um seine eigene Crêperie zu eröffnen und sich auf einige Dinge zu spezialisieren: Buchweizen, Bio und nur lokale Produkte. Wir essen Galettes und Crêpes und trinken Cidre und kehren – nachdem wir Clément noch 9 verschiedene Flaschen lokal produzierten Bio-Cidre abgekauft haben – zufrieden ins Hotel zurück. Ein wunderschöner Tag.

By the way: Geladen haben wir heute ganz problemlos bei einem BMW-Händler, der eine öffentliche Ladesäule betreibt, ausgewiesene 200 kW waren dann halt nur mehr 70, aber das kennen wir ja schon…

Die Bucht und der Leuchtturm von Ploumanac'h

Von oben links nach rechts im Uhrzeigersinn: Hotel „Le Manoir du Sphinx", Wanderung an der „Côte de Granit Rose", „La Maison entre deux Rochers"

Zwanzigster Eintrag: Der andere Blick

07-09-2022 Ein Hotel in einer so atemberaubenden Lage stellt man sich nur in den kühnsten Urlaubsträumen vor. Unser Zimmer im „Le Manoir du Sphinx" bietet einen sagenhaften Ausblick auf die wahrscheinlich schönste Küste Frankreichs: „La Côte de Granit Rose". Das Rauschen des Meeres und die salzige Meeresluft bei weit geöffnetem Fenster begleiten unsere Träume in angenehmster Weise. Das Hotel selbst ist schon in die Jahre gekommen und eine sanfte Renovierung würde wahrhaftig nicht schaden. Der Frühstücksraum könnte nüchterner nicht sein, das Frühstücksei wird schon durch die ambitionslose Umgebung schneller kalt als sonst.

Auffallend ist, dass in der Bretagne die Lokale eher schmuck-, tischtuch- und bilderlos gehalten sind. Möglicherweise ist das dem einfachen und kargen Leben geschuldet, das die Bretonen, die bis vor nicht allzu langer Zeit hauptsächlich Bauern und Fischer waren, geführt haben. In diesem harten Leben wurde wohl an Behübschung, Dekoration und Kinkerlitzchen kein Gedanke verschwendet.

Meine Lieblingsorte sind immer die Orte, wo es Pflanzen, Blumen und Kräuter gibt. Die Hortensienpracht des Hotelgartens führt mich bis zum steinigen Strand, der nahezu nahtlos in einen wunderschönen Sandstrand übergeht. Ein Ort, an dem man bleiben sollte. Auf jeden Fall länger, als unser dichtes Programm es zulässt.

Heute steht nämlich eine Wanderung auf dem Plan. Das ist gut, denn nach den vielen Autostunden ist es eine Wohltat, unsere Beine einmal etwas ausgiebiger zu vertreten. Wir wandern in Richtung zweier Sehenswürdigkeiten, die wohl kein Bretagne-Besucher auslässt: „Le Gouffre" und „La Maison entre deux Rochers", beides zwar Touristen-Hotspots, aber durchaus sehenswert.

Aber die wahre Schönheit offenbart sich auf dem Weg dorthin. Eine der schönsten Küsten, die wir jemals gesehen haben, breitet sich vor unseren Augen aus. Malerischer geht es wohl kaum mehr, eine Küstenlandschaft wie von einem „Divine Artist" arrangiert. Links das Meer mit mächtigen Steinformationen, rechts – wie zum Ausgleich zu den martialischen Bildern zur Linken – artige Karfiolfelder. Eine fast unwirkliche Szenerie, die sich tief ins Gedächtnis eingräbt.

Eine dunkle Regenfront überrascht uns beim Cidretrinken in einem neueröffneten, einsam gelegenen Café. Wir bewegen uns so schnell wie möglich zurück zu den Fahrzeugen, um das kostbare Filmequipment vor schädlicher Nässe zu bewahren. Der Tag endet in einer höchst originellen Crêperie in Perros-Guirec, von der wir nach verzehrtem Mahl eine Kiste mit sage und schreibe 9 verschiedenen Cidre-Sorten erbeuten und von dannen ziehen ...
Es gibt wahrlich Schlimmeres.

Einundzwanzigster Eintrag: So ganz nebenbei

So ein Leben aus dem Koffer hat schon was, es geht ja ums ständige Weiterziehen – ein Nomadenleben quasi, nur in einer Art Luxus-Ausführung. Man tut also gut daran, akribisch Ordnung zu halten und die T-Shirt-, Unterwäsche- und Hosenstapeln nicht durcheinanderzubringen, sonst findet man ganz schnell gar nichts mehr. Und den Kofferinhalt bei einer oder maximal zwei Nächten in den Hotelkasten zu räumen, macht erst recht keinen Sinn. Also, merkt euch: penible Ordnung halten und alles, was man nicht täglich braucht, im Auto lassen. Das sind Badetasche, Bergschuhe, Wanderrucksack (der sich allmählich mit Schmutzwäsche füllt) und sonstige völlig überflüssige Utensilien, die man „zur Sicherheit" eingepackt hat…

Viel schlimmer trifft es aber unsere Filmcrew, (Michelle, die Autorin, und als Jüngste auch unser Boss, Alexa und Christian, die Ton- und Bild zaubern), deren VW-Multivan vor technischem Equipment nahezu überquillt und kaum mehr Platz für persönliches Gepäck zulässt. Dennoch müssen sie in spontanen Momenten sofort das richtige Tool bei der Hand haben und nicht nur darin sind sie die wahren Meister:innen.

Überhaupt sind uns die Drei inzwischen sehr ans Herz gewachsen. Wir haben sehr viel Spaß miteinander und einige „running gags" würzen die gemeinsamen, oft auch zeitstressigen Tage. Es geht ja nicht nur um den richtigen Platz oder die perfekte Szene. Es spielen Wetter- und Windsituationen, Lichtstimmungen, Lärmemissionen – und weiß der Kuckuck noch alles – eine nicht unwichtige Rolle. Das ist echt ein Knochenjob und ich bewundere alle drei für ihre Professionalität, ihre Geduld und ihre positive Haltung. Hiermit ziehe ich meinen imaginären Hut:

„Chapeau, ihr seid einfach spitze!!!"

Zweiundzwanzigster Eintrag: Zwischengericht

Die Galette ist das deftige Pendant zur Crêpe und hat sich mit Leib und Seele dem Schinken, Ei und viel Käse verschworen. Tatsächlich ist das, was wunderbar buttrig duftend in jeder zweiten Jahrmarkt-Bude angeboten wird, in den Augen eines waschechten Franzosen oft Frevel: Crêpes sind süß. Immer! Und deshalb hier ein Rezept für den wahren deftigen Genuss: die Galette Bretonne, nach traditioneller Art mit nussigem Buchweizenmehl zubereitet.

Galette Bretonne (Rezept für 6 Personen)

Zutaten:
250 g Buchweizenmehl
2 Eier
40 g geschmolzene Butter
50 cl kaltes Wasser
eine Prise Salz

Zubereitung:
Mehl, Salz und Eier verrühren. Nach und nach das Wasser und die geschmolzene Butter dazu geben und rühren, bis der Teig sämig wird. Den Teig zwei Stunden ruhen lassen. Etwas Teig in eine eingefettete beschichtete Pfanne gießen und verteilen (möglichst dünn). Wenn der Teig fest wird, die Galette wenden.

Klassische Variante („galette complète"):

Ein Stück gesalzene Butter in die Mitte der Galette geben. Eine Scheibe Schinken darauf legen. Ein Spiegelei über die Galette schlagen und stocken lassen. Sobald das Ei gar ist, die Galette mit etwas geriebenem Gruyère-Käse bestreuen und falten. Die Galettes können aber auch mit Champignons in Béchamelsauce, mit Hackfleisch, Wurst, Roquefort-Käse oder anderer Garnitur nach Wahl gereicht werden ...

Dreiundzwanzigster Eintrag: Der 10. Tag – La Gacilly

08-09-2022 Die Akkus stehen auf 100 %, das Wetter ist wunderbar, wir starten nach La Gacilly. Warum? Weil dort vom 1. Juni bis zum 30. September 2022 Frankreichs größtes Open-Air-Fotofestival stattfindet. Dieses künstlerische Ereignis verschreibt sich ganz der Umwelt und möchte auf diese Weise nachhaltig zu einem festen Bestandteil der Landschaft werden. Hunderte großformatige Fotografien werden an den granitenen Häuserfassaden des idyllischen 2.000-Einwohner-Dorfes ausgestellt. Ethik und Nachhaltigkeit, Mensch und Natur stehen im Mittelpunkt. Dabei vermischen sich Kunst und Fotojournalismus. Mehr als 300.000 Besucher kommen jedes Jahr hierher.

Ins Leben gerufen wurde das Fotofestival 2003 von Yves Rochers Sohn Jacques, der ebenso wie einst sein Vater Bürgermeister seines Heimatortes La Gacilly ist. Die bekannte Kosmetikmarke hat heute noch ihren Sitz und eine Produktionsstätte in dem bretonischen Städtchen am Fluss Aff. Warum, das erklärt Jaques Rocher so: *„Die Fotografie verewigt den Lauf der Zeit und hält die Schönheit unseres Planeten fest, um uns an die Zerbrechlichkeit seiner Böden und Wälder zu erinnern und Zeugnis vom menschlichen Handeln abzulegen. Durch ihre einzigartige Vision und ihre Bilder sind die Fotografen sowohl Zeugen als auch Katalysatoren des Wandels. Die hier gezeigten Fotografien appellieren an unser Gewissen und regen den Betrachter zum Handeln an, indem sie zeigen, wie dringend wir etwas unternehmen müssen."*

Große Worte, die aber glaubwürdig und überzeugend wirken, ist man erst einmal dort. Der ganze Ort ist Fotografie, ist Kunst. Wie selbstverständlich fügen sich die Bilder in die Gassen und Parks ein, unzählige Kunstinteressierte schlendern durch die Outdoorausstellung, keiner und keine scheint davon nicht berührt, so brisant sind die Themen für 2022: „Visions of the East", „The World of Tomorrow 2022" und „Creation 2022". Schon das erste Thema zieht einen richtig hinein in die Welt von Afghanistan, Iran und Pakistan. Fotografinnen dominieren dieses Thema, die Arbeiten von Fatimah Hossaini rauben einem schier den Atem, sowohl inhaltlich wie auch formal – ihre Arbeiten sind in einer unfassbaren Größe umgesetzt. Eine Machtdemonstration der weiblichen Sichtweise wie auch der Fotografie selbst. Im positivsten Sinne.

La Gacilly ist eine beispiellos schöne Stadt, Häuser mit Steinfassaden und blauen Fensterläden, kleine Gassen, ein schöner Fluss – einfach ein Ort, an dem man länger verweilen möchte, wäre man nicht auf einem Roadtrip. Stichwort Roadtrip: Heute haben wir zweimal kurz geladen, das erste Mal völlig unkompliziert, das zweite Mal mittels einer App, hat etwas gedauert, aber hat einwandfrei funktioniert. So stellt man sich elektrisches Reisen vor: beim Kaffeetrinken und während des Kunstgenusses zu laden. Und wenn es dann im Dorf auch noch eine Waschstraße gibt, sind wir besonders zufrieden.

Ein schöner, inhaltsreicher und sinnlicher Tag. Wir beschließen ihn in Arradon bei einem guten Abendessen und herrlichem Weißwein bei Sonnenuntergang direkt am Golf von Morbihan ...

Impressionen vom Foto-Festival in La Gacilly

Vierundwanzigster Eintrag: Der andere Blick

08-09-2022 Der nächste Zielpunkt ist der Kunst gewidmet: Das Fotofestival in La Gacilly, das mit einem kleinen Umweg auf unserer nächsten Strecke nach Arradon liegt, ist eines von Leos lang ersehnten Highlights dieses Roadtrips. Als passionierter Fotograf spricht er schon jahrelang von seinem Wunsch, die wetterfeste Outdoor-Ausstellung in dem hübschen Städtchen im Herzen der Bretagne besuchen zu wollen. Nun endlich ist es soweit, ich gönne es ihm vom Herzen und freue mich auch darauf.

Schon die Fahrt dorthin, die vorwiegend auf Landstraßen verläuft – für mich die schönste Form, mit einem Auto zu bummeln – die neugierigen Blicke in Gärten im Vorbeifahren, das Rätseln über angebautes Gemüse oder unbekannte Pflanzen auf den Feldern, bringt uns diesen schönen Landstrich wieder ein Stück näher. Die Welt scheint hier noch in Ordnung, die Dörfer strahlen eine Gemütlichkeit und Entschleunigung aus, fast könnte ich mir sogar vorstellen, hier zu leben. So ein kleines Steinhäuschen am Meer, tja, das wär's doch ...

La Gacilly ist auch ohne das Foto-Festival ein überaus pittoreskes Städtchen. Ein im bretonischen Stil erbautes Steinhäuschen reiht sich an das nächste, die Türen und Fensterläden sind oft in sehr kräftigem Rot oder Blau gehalten, was zum grauen Naturstein einen reizenden Akzent bildet. Die blumengeschmückten Gassen laden mit kleinen Geschäften und gemütlichen Bistrots und Cafés zum Verweilen ein. Doch erst die Kunst setzt der Idylle dieses Ortes die Krone auf, er wird zu etwas ganz Besonderem, Erhabenem. In der ganzen Stadt kann man von Juni bis September alljährlich großformatige Fotografien bewundern, an Häuserfassaden, in Höfen, in Parks, im Wald und sogar auf einer Schafweide. Vor allem die Fotografinnen, die sich 2022 dem Schwerpunkt „Visions d'Orient" gewidmet haben, überzeugen mit ihren Fotografien aus dem weiblichen Alltag in immer noch männerdominierten Länden wie Afghanistan, Iran oder Pakistan mit einer Kraft und Eindringlichkeit, die mich nachhaltig betroffen und nachdenklich, aber auch hoffnungsfroh stimmen.

Auch unser nächstes Hotel „Les Vénètes" in Arradon am Golfe de Morbihan liegt wieder direkt am Wasser, unser Zimmer ist geräumig und geschmackvoll eingerichtet, die beiden Fenster bieten Aussicht auf den Bootshafen und auf unzählige kleine Inselchen, von denen manche bei Ebbe offenbar zu Fuß zu erreichen sind. Gesegnet sei der Moment vor vielen Jahren, als wir unsere Reiseagentur UMFULANA entdeckt haben, die für uns – in welchem Land auch immer – stets die schönsten, authentischsten Unterkünfte bereithält. Wir sind seit Jahren treue Kunden und wurden bei all den Reisen noch kein einziges Mal enttäuscht ...

Von oben links nach rechts im Uhrzeigersinn: Verena auf dem Boot vor dem Hotel „Les Vénètes", Verbrenner vs. Elektroboot, Leo am Ruder, köstliche Moules frites

Fünfundzwanzigster Eintrag: Der 11. Tag – Golfe de Morbihan

Wassersport? Nein danke. Obwohl wir zwei Stand-Up-Paddel-Boards (von Eingeweihten kurz SUPs genannt) im Auto haben und obwohl Verena das eigentlich für ihr Leben gerne macht, verzichten wir. Grund dafür sind die drei Ws: Wind, Wassertemperatur und Wetterbericht. Letzterer sagt für den Vormittag Regenschauer an. Aufs Wasser wollen wir aber doch, und da wir direkt in der Marina wohnen, besuchen wir den Bootsverleiher und fragen nach einem elektrisch betriebenen Motorboot. Ist ja Standard auf Österreichs Seen, warum also nicht am Golfe de Morbihan. Der Bootsverleiher will davon nichts wissen und verweist auf eben die drei Ws, dafür braucht es schon einen richtigen Motor. Den bekommen wir dann auch, vorne dran ist ein gelbes Boot. Nach einer kurzen Einweisung verlassen wir den Hafen und schippern in die Richtung der vorgelagerten Inseln. Wir machen ein paar Manöver, die von Christians Drohne begleitet werden, und nehmen dann die ganze Film-Crew mit an Bord. Bald kennen wir uns nicht mehr aus, so verbringen wir die Zeit auf dem Wasser mit Suchen und Orientieren und sind froh, vor einem kurzen, starken Regenguss wieder sicher im Hafen zu sein.

Auf dem Weg zum Hotel entdecken wir an einem Steg: eine Ladesäule und zwei elektrisch betriebene Motorboote! Es gibt sie! Von einem anderen Verleiher. Für das nächste Mal wissen wir das. Wir müssen hartnäckig auf E-Mobilität bestehen, auch auf dem Wasser.

Zum Trost fahren wir nach La Trinité-sur-Mer und essen Moules frites* und einen köstlichen Salat, dazu eine Flasche Cidre. Nach einem kurzen Mittagsschlaf im ID.Buzz begeben wir uns nach Carnac. In keinem anderen Gebiet Frankreichs gibt es mehr Menhire, unterschiedlichste Steinsäulen, meistens in Reih und Glied aufgestellt. Zu tausenden stehen diese steinernen Zeugen der keltischen Zeit in der Landschaft. Bis heute wird über ihre Bedeutung spekuliert. Die bretonischen Legenden sind vielfältig, erwähnt seien hier nur Artus und seine Tafelrunde und damit verknüpft die Liebesgeschichte von Merlin, dem Zauberer, und Viviane, der „Herrin vom See“. Es wirkt befremdlich und faszinierend, man wandert ganze Felder von Menhiren entlang, weit über 3.000 sollen es sein in Carnac.

Wie immer klingt der Tag kulinarisch aus, diesmal sogar mit Livemusik im Restaurant-eigenen Pub in Arradon. Zwei Musiker spielen „Queen“-Covers. Der Mond scheint wie verrückt. Wir fahren trotzdem bald ins Hotel und schließen unseren ID.Buzz an eine 18-kW-Ladesäule direkt neben dem Hotel an, morgen starten wir mit 100 % Energie nach Rennes...

** Moules frites – Miesmuscheln mit Pommes – stehen so gut wie auf jeder Speisekarte der Bretagne. Die frischen Miesmuscheln werden meistens in einem Weißweinsud mit Kräutern zubereitet.*

Von oben links nach rechts im Uhrzeigersinn: die Filmcrew im Wassereinsatz, die Drohne bei der Arbeit, die Steinreihen von Carnac

Sechsundzwanzigster Eintrag: Der andere Blick

Und wieder ab aufs Wasser. Diesmal nicht im Kajak, sondern mit einem kleinen Motorboot durch die fantastische Inselwelt des „Golfe de Morbihan" – im Bretonischen „mor bihan" (kleines Meer) – zu schippern, ist schon eine sehr feine Sache. Leo hätte definitiv lieber ein Elektroboot gechartert, was uns aber leider nicht gelungen ist.

Die Einführung eines Skippers fällt sehr kurz aus, er erklärt die Handhabung des Motors, wo sich ein Gefäß zum Ausschöpfen (!) des Bootes befindet, wo es einige Untiefen gibt, und das war's dann auch schon. Trocken bleiben wir nicht, immer wieder treffen uns salzige Spritzer, insbesondere, wenn das Boot gegen die Wellen unterwegs ist, was zwangsweise passiert, wenn man die entzückenden kleinen Inselchen ansteuern möchte.

Die Drohne steht über uns, mal hoch, mal fast auf Augenhöhe, rechts, links, alle Perspektiven möchten von der Kamera eingefangen werden. Die Filmcrew macht sich so gut wie möglich unsichtbar an Bord, Alexa hat überhaupt Position in der kleinen Kajüte bezogen und filmt von dort aus spritzwassersicher. Die Fahrt macht viel Spaß, auch wenn wir allesamt „bloody newcomers" sind und keiner einschlägige Erfahrungen mit dem Navigieren auf dem Meer hat. Kaum verlassen wir das Boot, geht ein heftiger Regenschauer übers Land und zaubert eine unglaubliche Wolkenstimmung, die sich im Meer widerspiegelt.

Am späten Nachmittag besichtigen wir – nach einem Interview im Wald – die „Steinreihen von Carnac". Unfassbare 3.000 Menhire wurden hier errichtet und die Wissenschaft tappt bis heute im Dunkeln, WANN sie WER und WARUM errichtet hat. Dieses Rätsel wird wohl nicht mehr gelöst werden, was diesen Ort umso mystischer macht.

Die Drohne erbeutet sensationelle Aufnahmen von diesem außergewöhnlichen Areal und wir freuen uns auf das anschließende Abendessen, möglicherweise könnte sich heute sogar das ein oder andere Glas Cidre* ausgehen ...

** Was wäre die Bretagne ohne den Apfel, ihrer Symbolfrucht? In dieser Gegend werden über 600 Apfelsorten gezählt, darunter einige sehr alte. Handwerklich produzierter bretonischer Cidre, dessen Herstellungsverfahren uralt ist, ist das typischste Getränk der Region. Reich an Antioxidantien, Vitaminen, Spurenelementen und Mineralien zeichnet er sich durch seinen säuerlich-fruchtigen Geschmack und seine Farbe aus, die von hellgelb bis ins Rötliche reicht. Das Talent seiner Erzeuger kann in zahlreichen Cidrerien entdeckt werden.*

Impressionen aus Rennes

Siebenundzwanzigster Eintrag: Der 12. Tag – von Arradon nach Rennes

Wir verlassen nun endgültig die bretonische Küste und bewegen uns Richtung Nordost. Unser Ziel ist Rennes, Hauptstadt der Bretagne. Auf den ersten Blick eine angesagte, kreative Region am Puls der Zeit. Rennes wirkt jung, Pubs und Cafés sind gut gefüllt mit den Student:innen dieser Universitätsstadt, eingebettet in eine Mischung aus windschiefen Fachwerkhäusern in verwinkelten Pflastergassen und imposanten Palästen aus Barock und Renaissance. Eine Kulturstadt, leider finden die Festivals nicht gerade jetzt statt, sondern vorher und nachher. Anfang Juli gehören die Straßen der Stadt beim Kunstfestival „Les Tombées de la Nuit" ganz der kreativen Szene, während im November und Dezember Nachwuchskünstler aus Theater und Musik bei den Festivals „Mettre en Scène" und „Transmusicales" ihren großen Auftritt haben. Lenny Kravitz, Björk und Nirvana spielten hier schon.

Unser Ziel ist aber etwas anderes. Es ist Samstag und wir wollen die Atmosphäre eines symbolischen Ereignisses genießen: den Marché des Lices. Jede Woche, sommers wie winters, treffen sich rund 300 Händler und Kunsthandwerker aus der ganzen Region auf der Place des Lices, um ihre Produkte zu verkaufen. Dieser riesige Freiluftmarkt hat eine 400-jährige Tradition und ist mit 10.000 Besuchern pro Woche der zweitgrößte Markt Frankreichs. Es ist ein zentraler Ort, an dem die Rennais „ihre Gewohnheiten haben", von fünf bis halb zwei Uhr: Je nachdem, wann Sie dorthin gehen, kreuzen Sie den Weg der Frühaufsteher, die ihre Lebensmittel vor allen anderen abholen, Partytiere, die vor dem Schlafengehen einen Snack zu sich nehmen, und wenig später Freunde, die ein gutes Frühstück genießen, Familien und Studenten, die einen Kaffee trinken, und so weiter und so fort.

Rennes ist eine Stadt, die von Feldern und Ackerland umgeben ist, so dass viele Bauern kommen, um ihr Obst und Gemüse auf dem Markt zu verkaufen. Da auch das Meer in der Nähe ist, kommen die Fischer von der Nord- und Südküste und verkaufen die frischesten Fische und Meeresfrüchte, die man sich vorstellen kann. Ich verkoste eine Auster (köstlich!), für Fleisch- und Käse-Spezialitäten aus ganz Frankreich besuchen wir einen der beiden wunderschönen Pavillons aus dem 19. Jahrhundert und werden ebenfalls fündig. Wir treffen dort Jordan, einen lokalen Käsehändler, der sorgfältig Rohmilchkäse auswählt, der nach traditioneller Art hergestellt wird. Sein Business nennt er „Jo Frommager", er verkauft auf allerlei Märkten und über seinen Online-Shop. Ein cleverer junger Franzose, der sich dem Vertrieb nachhaltiger Produkte aus der Region verschrieben hat. Mit 24 Jahren begann er, Käse aus der Auvergne auf Märkten zu verkaufen, acht Jahre später hat er diese Auswahl verfeinert und nur noch ein Dutzend Produkte im Angebot: ein ausgewähltes Sortiment aus Rohmilchkäse, das aus bäuerlicher

Links: Jo Frommager, Impressionen vom Marché des Lices, rechts: im Castel Jolly.

Produktion stammt, traditionell hergestellt und zu einem fairen Preis verkauft wird. Seine Lieferanten heißen Guy, Nicole oder Jean, und wenn man mit Jordan spricht, gewinnt man den Eindruck, daß Mensch und Produkt für ihn eine Einheit bilden müssen, sonst ist das nichts für ihn. Wir verkosten den Käse, können ihn aber leider nicht mitnehmen, vielleicht bestellen wir mal probeweise online.

Kulinarisch top, der Marché des Lices, aber vor allem sind die Märkte faszinierende Orte zum Flanieren und Beobachten, so geht es auch uns. Wir entdecken Musikgruppen, Trommler, Country-Music-Bands und – das hat uns am besten gefallen – eine französische Gruppe, die Musik im Stil von Zaz macht und zu der man Lindy-Hop tanzen kann, was auch spontan passiert. Eine berührende Atmosphäre, ich mache einige Porträts von den Musiker:innen und wir ziehen schweren Herzens weiter.

Es ist inzwischen halb zwei geworden und die Händler beginnen einzupacken. Es ist der Moment, in dem die Sammler auftauchen: Diejenigen, die von einem Stand zum anderen gehen wollen, suchen nach unverkauften und beschädigten Waren, die sie mitnehmen und vor dem Müll retten können. Ein Verein namens „Les Glaneurs Rennais" (man erkennt sie leicht an ihrem roten Hut) sammelt alle diese Produkte, und organisiert eine kostenlose Verteilung am Place des Lices. Eine beispielhafte Idee: Wegwerfen ist nicht!

Was wir hier zwar gefunden haben, aber nicht durch die ganze Stadt zum Auto schleppen wollen, ist Cidre. Wir wollen unbedingt noch etwas von dem betörend köstlichen Getränk mit nach Hause nehmen. Also besuchen wir eine Cidrerie, die 15 km von Rennes entfernt zwischen Liffré und Noyal sur Vilaine liegt. Sie heißt „Val de la Chèvre" und gehört der Familie Tropée, die sich 1969 mit vier

Kühen und einem Traktor auf dem Hof niedergelassen hat. Seitdem ist viel Wasser die Chèvre hinuntergeflossen, diesen kleinen Fluss, der das Tal zwischen Wäldern und Obstgärten durchzieht und von dem ihr Cidre seinen Namen hat. Der älteste Obstgarten des Hofes stammt aus dem Jahr 1946, in den 50ern wurde dann mit der Herstellung von Apfelwein begonnen. 1997 übernahm der Sohn der Familie, Régis, den Hof und forcierte ab 2007 die biologische Cidre-Produktion. Wir bekommen eine Spontan-Führung von dem eloquenten und jungen Tristan, einem Mitarbeiter, der uns mit unbändiger Leidenschaft (und fließendem Französisch) die Produktion und Philosophie erklärt. Wir verkosten „demi sec", „brut" und „extra brut", können uns nicht entscheiden und kaufen, soviel wir halt mitnehmen können.

Ein langer Tag und erlebnisreich dazu, unser Auto haben wir nicht geladen, weil wir mit 100 % Akku in Arradon gestartet sind, dank der 22-kW-Ladesäule direkt vor dem Hotel. Es ist bald sechs Uhr und wir suchen unsere heutige Unterkunft. „Castel Jolly" heißt sie, liegt mitten in Rennes in einer eher unspektakulären Umgebung, aber: ein Tor (die Öffnung ist gefühlt 1 cm breiter als der ID.Buzz mit eingeklappten Spiegeln) öffnet sich und vor uns liegt das entzückendste Reihenhaus, das wir je zu Gesicht bekommen haben. Es gehört Alain und Marie Jolly, die drei Zimmer ihrer bereits erwachsenen Kinder stehen nun Reisenden zur Verfügung. Die beiden nehmen uns temporär förmlich in die Familie auf, wir sind die einzigen Gäste, unsere Gastgeber müssen zu einer Feier bei Freunden, das Haus gehört uns allein, lediglich drei Wuschelhühner bleiben da. Vorher aber leeren wir noch eine Flasche provenzialischen Rosé als Aperitif mit den beiden Gastgebern und plaudern über Gott und die Welt, Alain zeigt mir seine Plattensammlung, den historischen Plattenspieler, seine Motorradsammlung in der Garage und seinen 1972er Porsche 911. Am Ende legt er uns noch ein 220-V-Kabel zum Auto im Hof und wir laden langsam, aber doch ein wenig. In der Nacht kommen Alain und Marie nach Hause und bemerken einen strengen Geruch, der von der erhitzten Kabeltrommel herrührt. Das Kabel ist richtig heiß geworden beim Laden.

Ja, das ist ein sehr langer Blog-Eintrag, aber es waren heute so viele Eindrücke, die es erst einmal zu verarbeiten gilt. Schreiben hilft dabei immer ...

Impressionen vom Marché des Lices in Rennes

Achtundzwanzigster Eintrag: Der andere Blick

Schweren Herzens verlassen wir Arradon und das herrlich gelegene Hotel „Les Vénètes" mit der deutschen Rezeptionistin, die sich „zuerst wegen der Liebe und nun wegen der Landschaft" hier angesiedelt hat. Hier hätte ich es noch mindestens bis zum Einsetzen der ersten Schneefälle aushalten können ...

Der nächste Zielpunkt liegt in Rennes, der Hauptstadt der Bretagne. Wir möchten unbedingt den „Marché des Lices" besuchen, der seit 400 Jahren jeden Samstag stattfindet und leider schon um 13:30 die Rollläden herunterlässt. Pulsierendes Leben empfängt uns, bunte Gemüse- und Obststände, Oliven aller Größenordnungen, Käse, Würste, Fleisch, Blumen – eine Pracht. Tausende Menschen tummeln sich zwischen den Ständen, Trommlergruppen und verschiedene Livebands beleben die Szenerie, mittendrin ein Tanzkurs für Lindy Hop und Charleston, ein Anziehungspunkt für viele Tanzwütige jeder Generation. Das wäre doch einmal eine Idee für den Salzburger Schrannenmarkt!

Überhaupt fällt uns auf, dass Rennes vor jungen Menschen nahezu überquillt, 57.000 Student*innen bringen quirliges, lebendig-junges Treiben in die Stadt. Wir fühlen uns vom ersten Moment an wohl hier, dabei haben wir zu diesem Zeitpunkt unsere Unterkunft für diese Nacht noch gar nicht gesehen.

Davor steht nämlich noch auf dem Plan, uns den Wintervorrat unseres bretonischen Zaubertranks Cidre zu sichern – treu nach Asterix und Obelix, die ja in der Römerzeit ebenfalls in der Bretagne ihre Hinkelsteine geschleppt haben. Wir machen einen Ausflug ins „Val de la chevre" (Tal der Ziege) und besuchen eine Cidrerie.

Der charmante Tristan empfängt uns freudig und bietet sofort eine Führung durch Apfelhaine und Produktionsstätten des herrlichen Bio-Cidres an. Leider spricht er kaum Englisch und ignoriert völlig, dass wir des Französischen nur äußerst rudimentär mächtig sind. Er spult seine viertelstündige Führung in seiner melodiös klingenden Sprache ab und wir können nur im Groben erahnen, was er uns da alles erzählt. (Was für ein Segen, dass im Film Untertitel den Sinn erklären werden ...) Wir laden einige Schachteln mit verschiedenen Cidreflaschen ein: „demi sec", „brut" und „extra brut" und eine Spezialabfüllung mit Honig. Die Vorfreude auf den Winter steigt ...

Von Marie Jolly, unserer Gastgeberin in Rennes, haben wir schon im Vorfeld einen Code geschickt bekommen, der das Einfahrtstor zu „Castel Jolly" öffnen soll. Wir stehen in einer eher ruhigen Gasse vor einem unscheinbaren Tor, nur ein kleines Schild weist auf die richtige Adresse hin. Wir tippen den Code ein, das Tor öffnet sich und wir stehen ... vor einem atemberaubenden, schlossartigen

Tristan gibt Einblicke in die Cidre-Produktion im ‚Val de la chevre'

Haus, umgeben von uralten Bäumen. Marie eilt die Treppen herab uns entgegen, eine Flut von Herzlichkeit und Freundlichkeit überschwemmt uns. Angekommen.

Das Haus stammt aus dem 19. Jahrhundert, Marie und Alain haben es vor 20 Jahren gekauft und peu à peu renoviert. Marie ist Architektin und Malerin und hat das Haus mit einer unglaublichen Stilsicherheit liebevoll eingerichtet. Seit die drei erwachsenen Kinder ausgezogen sind, vermieten sie die leerstehenden Zimmer fallweise als Bed and Breakfast.

Wir verstehen uns alle auf Anhieb und werden auf ein Glas Rosé in den traumhaften Garten eingeladen, in dem sich drei wuschelige Hühner tummeln, die als Garanten der Frühstücksei-Versorgung Königinnen des Gartens zu sein scheinen. Es entsteht eine angeregte Plauderei, Urlaubstipps und Adressen werden ausgetauscht, Familienfotos herumgezeigt. Leider müssen wir uns schon nach einer Stunde trennen, da die beiden noch auf eine Geburtstagsparty eingeladen und wir zum Abendessen mit der Filmcrew verabredet sind.
Morgen früh gibt es ein Wiedersehen, ich freue mich jetzt schon darauf!

Die charmanten Gastgeber und ihr „Castel Jolly"

Ein ruhiger Ort zu Verweilen: „Le Clos Tellier" in Mareil-Marly

Neunundzwanzigster Eintrag: **Der 13. Tag – Paris**

Ungern verlassen wir Rennes und die sympathischen Gastgeber Marie und Alain Jolly. Rennes wird uns wiedersehen, eine Stadt, die uns sofort angesprochen hat. Jung, dynamisch, aber nicht hektisch, nicht zu groß, überschaubar. Steht im absoluten Gegensatz zu der Stadt, die wir gerade ansteuern: Paris. Zum Übernachten haben wir (oder besser gesagt unsere betreuende Reiseagentur UMFU-LANA) einen der charmanten und verschlafenen Vororte gewählt. Mareil-Marly hat gerade mal 3.600 Einwohner, gehört zur Region Île-de-France und ist nur 20 km von Paris entfernt. Die Einwohner werden liebevoll Mareillois genannt.

Die Suche nach einem Restaurant erweist sich als zwecklos, es gibt nur eines, und das ist am Sonntag geschlossen. Offen hingegen hat eine große Gärtnerei, auf deren Parkplatz sich auch die einzige Ladestation (22 kW) des Ortes befindet. Wir fassen den Entschluss, nach Paris zu fahren, und tun das auch. Ziel ist der Parc André-Citroën, in dem seit 1999 ein Fesselballon installiert ist, mit dem man gegen eine Gebühr unkompliziert einen Blick über ganz Paris genießen kann. Der Ballon dient darüber hinaus als Instrument zur Umweltsensibilisierung, indem er abhängig von der Luftqualität seine Farbe von grün bis rot ändern kann. Der Park ist am Sonntag voller Familienausflügler und junger Menschen, letztere beteiligen sich lautstark an einem Rap-Dance-Event. Tolle Stimmung!

Die Ballonfahrt erweist sich als Riesengewinn, Wetter und Weitsicht spielen mit, man sieht wirklich alles, Eiffelturm, Sacré-Cœur, Montmartre und auch die beeindruckende Skyline des modernen Paris – das Stadtviertel La Défense. Ein wunderbares Erlebnis. Danach entschließen wir uns, am Seine-Ufer entlang bis zum Eiffelturm zu spazieren. Vorbei an den Hausbooten gelangen wir schließlich an einen Ort, den wir ganz anders in Erinnerung hatten. Der Eiffelturm ist umzäunt, hinein darf man nur mit Eintrittskarte nebst Body- und Taschencheck, um den Zaun herum eine Menschenmenge, nahezu hysterisch versucht dennoch jeder und jede ein Selfie mit dem Wahrzeichen zu erhaschen, die Straßen rundherum sind voll und laut, alles fühlt sich an, als sei man in einen brüllenden Mob geraten. Nichts wie raus hier.

Was ist das für ein Paris, das unsere Erinnerung besetzt hat? Verklärt die Zeit den Blick, romantisiert sie? Oder war diese Stadt in den allermeisten Gegenden immer schon laut, hektisch, schmutzig, stinkend? Wenn Paris ein Beispiel für das Modell der fortschreitenden Urbanisierung sein soll, ist das bedenklich. Es gibt Hoffnung: Anne Hidalgo, die Bürgermeisterin von Paris, möchte den Individualverkehr aus der Innenstadt weitestgehend verbannen. Eine Spritztour mit dem Auto zum Arc de Triomphe oder zum Eiffelturm gehört dann der Vergangenheit an. Auch wird es nicht mehr möglich sein, die Stadt zu durchqueren, um von Norden nach Süden zu gelangen. Betroffen von der Regelung ist vor allem die historische Innenstadt, hier dürfen außer Fußgänger:innen und Radfahrer:innen nur noch Busse, Taxis, Handwerker:innen, Fachkräfte und Lieferverkehr die Straßen nutzen. Insgesamt macht die Zone fast sieben Prozent der gesamten Stadtfläche aus. Blickt man auf die Zahlen, ist schnell nachvollziehbar, unter welchen Leidensdruck der Verkehr die Bewohner:innen der französischen Hauptstadt stellt. 180.000 Autos fahren jeden Tag durch den Bereich, der nun gesperrt werden soll. Das sind zehnmal so viele Autos, wie die Bewohner:innen der inneren Bezirke besitzen. 40 bis 60 Prozent davon macht der Transitverkehr aus. Ich bekenne mich zu einer pluralen Mobilität, in der das Auto auch in Zukunft einen wesentlichen Stellenwert einnehmen wird. Ich liebe es, mit dem Auto zu reisen, elektrisch umso mehr. Aber Mobilität muss den Menschen dienlich sein, nicht Lebensräume unbewohnbar machen. Wir brauchen eine Mobilität, in der alle Formen nahtlos miteinander verbunden sind, in der jedes Verkehrsmittel seine Vorteile ausspielen kann.

Stichwort E-Mobilität: Wir haben auf dem Weg nach Paris unkompliziert bei einer Ionity-Station geladen, danach im Parkhaus unter dem Parc André-Citroën. Ladepunkte gibt es einige in Paris, sowohl auf der Straße als auch in den Parkhäusern.

Der eingesperrte Eiffelturm

Von oben links nach rechts im Uhrzeigersinn: der Umwelt-Ballon, Hausboot an der Seine, Natur trifft Architektur, unkompliziertes Laden mitten in Paris

Von oben links nach rechts im Uhrzeigersinn: das üppige Frühstück im „Le Clos Tellier", Pariser Impressionen

Dreißigster Eintrag: Der andere Blick

Das formidable Frühstück hätte für eine ganze Armee gereicht, obwohl wir die einzigen Gäste in diesem kleinen Paradies mitten in einer Stadt sind. Marie und Alain sind erst sehr spät nach Hause gekommen, trotzdem haben sie für uns früher als üblich den Frühstückstisch gedeckt, da wir eine weite Etappe – nach Paris – vor uns haben. Die Filmcrew holt uns ab, wir drehen noch ein paar Einstellungen, verabschieden uns mit dem Versprechen, Kontakt zu halten, und ziehen los.

In unserem nächsten Quartier – wieder ein wunderschönes altes Haus in einem Vorort von Paris, in Mareil-Marly – empfängt uns Emmanuelle mit gleich drei riesigen Hunden. Wenn man nie einen Hund hatte und einem der Umgang mit Hunden nicht vertraut ist, flössen sie einem immer etwas Respekt ein. Emmanuelle erklärt uns, wie in der Nacht die Hofeinfahrt zu öffnen ist und wir wieder ins Haus kommen: Es gibt keine Schlüssel, das Haus ist immer offen, sie hat ja die drei Hunde…

Eigentlich wollten wir doch gar nicht nach Paris. Und dann halt doch. Die Anfahrt zu dem Heißluftballon, der eine viertelstündige Sicht über Paris präsentiert – das einzig Schöne, das uns heute in dieser Stadt begegnen wird – ist ein Horror für mich. Auf den mehrspurigen Autobahnen wird kreuz und quer die Spur gewechselt, dazwischen rasen Motorräder in Schlangenlinien durch den dichten Verkehr. Ich stehe permanent mit beiden Füßen auf der „Bremse", obwohl ich gar nicht hinter dem Lenkrad sitze. Völlig verschwitzt und steif steige ich aus dem Bus, als wir unglaublicherweise ohne Crash in einer Parkgarage mit Ladestation einparken. Ob dieses Wunders gelobe ich hiermit öffentlich: NIE WIEDER PARIS MIT DEM AUTO – EGAL WELCHES!!!

Überhaupt war der abrupte Wechsel von der wunderschönen bretonischen Küste und der faszinierenden Inselwelt des Golfes von Morbihan in diesen Moloch Großstadt ein Schock. Überfüllt, laut, stinkend, dreckig, hektisch, stressig, überteuert. Das romantische Bild von Paris, das ich als 19-Jährige erlebt und so in Erinnerung hatte, zerplatzt wie eine Seifenblase. Der Platz unter dem Eiffelturm ist zu einem Hochsicherheitstrakt verkommen, die ganze Stadt ein menschlicher Ameisenhaufen, in den gerade ein Riesenfuß hineingetreten ist und daraufhin alles panisch und kopflos herumhastet. Mir fällt ständig der eigenartige Begriff „entmenschtes Leben" ein ...

Und morgen – auf dem Weg nach Straßburg – müssen wir im Morgenverkehr da noch einmal durch – mir graut schon jetzt davor.

Einunddreißigster Eintrag: So ganz nebenbei

Verkehrschaos in Paris: Täglich fahren 180.000 Autos durch den inneren Kern der Stadt.

Dass Paris ein Moloch ist, liegt in der Natur der Sache. Ist halt so. Ich möchte trotzdem an dieser Stelle eine kraftvolle Meinung einbringen: eine Passage aus „Die Stadt" von Lewis Mumford, erschienen 1961, deutsch in der Reihe dtv Wissenschaft (Seite 636).

Die Gestalt der Metropole ist also ihre Gestaltlosigkeit, wie auch ihr Ziel die ziellose Expansion ist. Wer sich innerhalb der ideologischen Schranken dieses Regimes betätigt, hat von einer Verbesserung nur quantitative Vorstellungen und versucht, die Gebäude höher, die Straßen breiter und die Parkplätze geräumiger zu machen. Er möchte Brücken, Landstraßen und Tunnel vervielfachen und die Einfahrt und Ausfahrt immer mehr erleichtern, beschränkt dadurch jedoch den Raum im Inneren der Stadt, der für irgendwelche anderen Zwecke als für den Verkehr zur Verfügung stehen sollte. Frank Lloyd Wrights Vorschlag, einen anderthalb Kilometer hohen Wolkenkratzer zu bauen, führte schließlich diese ganze Theorie der städtebaulichen Entwicklung ad absurdum. Zuletzt käme in einer solchen Stadt ein Hektar bebauter Fläche auf fünf Quadratkilometer Schnellstraßen und Parkplätze. An vielen Stellen ist dieses Ziel bald erreicht.

Wenn das Leiden und seine Heilmittel nicht mehr deutlich voneinander zu unterscheiden sind, kann man annehmen, dass es sich um einen tief eingewurzelten Prozess handelt. Eine expansive Wirt-

schaft, die nicht der Befriedigung von Lebensnotwendigkeiten dient, sondern dem Gewinnstreben, muss natürlich ein neues Leitbild der Stadt schaffen: den ewig offenen und sich stetig weiter öffnenden Schlund, der dem Druck einer unablässigen Werbung gehorcht und die Auswürfe einer wachsenden industriellen und landwirtschaftlichen Erzeugung verschlingt. Vor zweihundert Jahren ließ sich die Notwendigkeit einer solchen Wirtschaft nicht abstreiten, und in vielen Fällen aus Armut notleidenden Ländern besteht dieses Bedürfnis heute noch, um die schlimmste Not der Bevölkerung lindern zu können. In den westlichen Ländern aber und zumal in den Vereinigten Staaten ist das Mangelproblem – abgesehen von der Befriedigung organischer Bedürfnisse – nur gelöst worden, um mindestens ebenso beunruhigende Probleme zu schaffen: Überdruss und Übersättigung. Daher ist heute die Expansion zum Selbstzweck geworden; um sie zu ermöglichen, greifen die Herren dieser Gesellschaft zu jeder Form von Pyramidenbau.

Ist nämlich eine Wirtschaft erst einmal auf Expansion eingestellt, so werden die Mittel bald zum Zweck und „die Wanderung wird zum Ziel". Noch bedauerlicher ist, dass die Industrien, die von solcher Expansion begünstigt werden, ihren Ausstoß nur halten können, wenn sie Waren herstellen, die entweder ihrer Natur nach rasch verbraucht oder so lumpig hergestellt sind, dass sie bald ersetzt werden müssen. Durch Mode und innewohnende Überalterung hebt eine auf maschineller Produktion beruhende Wirtschaft, anstatt Freizeit und dauerhaften Wohlstand zu schaffen, durch ständig wachsenden, befohlenen Konsum sich selber auf.

Nach demselben Gesetz verfällt die Stadt selber dem Verbrauch. Der Behälter muss sich ebenso rasch ändern wie der Inhalt. Dieser Imperativ untergräbt aber eine der wichtigsten Funktionen der Stadt als Faktor menschlicher Beständigkeit. Das lebende Gedächtnis der Stadt, das einstmals Generationen und Jahrhunderte miteinander verband, verschwindet; ihre Einwohner leben in einem einzigen vernichtenden Von-Augenblick-zu-Augenblick. Selbst der ärmste Wilde der Steinzeit hat niemals in einem so verkommenen und demoralisierten Gemeinwesen gelebt.

Von oben links nach rechts im Uhrzeigersinn: Tesla meets Volkswagen, nächtliches Straßburg, die Gassen der Stadt, Michelle fotografiert „Lucky Electric", Stau bei IONITY

Zweiunddreißigster Eintrag: Der 14. Tag – von Paris nach Straßburg

Die Strecke von Paris nach Straßburg scheint überschaubar, knappe 525 km sind es, aber wenn man schon die ersten eineinhalb Stunden für die Ausfahrt aus Paris braucht und noch zweimal laden muss, wird es doch ein langer Tag. Das Laden ist unkompliziert, zweimal Ionity, wobei zwei Erlebnisse erwähnenswert sind. Beim ersten Ladestopp steht neben uns ein blauer Tesla Y, der Besitzer spricht uns wegen des ID.Buzz an. Er gefällt ihm, er gibt jedoch zu, ein erklärter Tesla-Fan zu sein, fährt im Jahr zwischen 30.000 und 40.000 Kilometer, schläft auch im Tesla (!) und muss heute noch nach München. Kein Problem, meint er, Langstrecke mit E-Autos ist doch heute schon derartig unkompliziert geworden …

Beim zweiten Ladestopp in Metz erleben wir das erste Mal einen Stau vor den Ionity-Stationen. Bei sieben Ladepunkten, die alle besetzt sind, warten weitere fünf Fahrzeuge! Es geht alles sehr rücksichtsvoll und gesittet ab, der Letzte, der kommt, fragt, nach wem er denn drankäme, die anderen stoppen den Ladevorgang schon etwas früher, um die Wartenden ans Kabel zu lassen. Dazwischen plaudert man etwas über die Vorzüge der einzelnen Modelle. Ein schönes Miteinander, eine Solidarität, die man selten erlebt.

Leider geht der Tag nicht so zu Ende, wie wir das erwartet hätten. Wir entscheiden uns für ein Parkhaus in der Nähe unseres Straßburger Hotels, weil es dort fünf Ladepunkte gibt. Unsere Ladekarte wird nicht akzeptiert, aber es gibt den französischen Betreiber FRESHMILE, wir haben schon gute Erfahrungen mit ihm gemacht. Die Anbahnung erfolgt über QR-Code, bezahlt wird danach mit einem Guthaben, dass man vorher schon hinterlegt hat. Diesmal klappt es aber nicht, denn obwohl wir 20 Euro Guthaben bezahlt haben und nur 12 Euro notwendig wären, den Ladevorgang in Betrieb zu nehmen, funktioniert es einfach nicht. Nach mehrmaligen Versuchen geben wir auf. Morgen ist auch noch ein Tag.

Jetzt gehen wir ins Hotel – übrigens das älteste Haus in Straßburg – machen uns frisch, genießen das nächtliche Treiben in der Stadt und essen was Gutes..

„Cour du Corbeau" - eines der ältesten Hotels in Europa mitten in der Fußgängerzone

Beispielhaftes Verkehrskonzept in Strasbourg

Dreiunddreißigster Eintrag: Der andere Blick

Die letzte Station unserer Reise steht auf dem Plan: Strasbourg. Die 525 km lange Fahrt von Mareil-Marly bei Paris nach Strasbourg verläuft inklusive Laden problemlos. Unsere liebe Alexa hat morgen Geburtstag, so planen wir, sie beim letzten gemeinsamen Abendessen mit kleinen Geschenken zu überraschen, die wir so unauffällig wie möglich unterwegs erstanden haben. Wir freuen uns alle auf den letzten gemeinsamen Abend und steuern gleich das Parkhaus Austerlitz an, in dem sich Ladesäulen befinden sollen. Diese existieren auch, aber leider sind Leos Versuche, aus einem dieser Dinger Strom herauszuquetschen, erfolglos. Sämtliche Karten, die wir ausprobieren, funktionieren nicht. Nach fast einer Dreiviertelstunde hartnäckiger Versuche geben wir auf, stellen den Buzz auf einen normalen Parkplatz und rollen die Koffer zu unserem Altstadthotel „Cour du Corbeau". Das Hotel gehört zu den ältesten Hotels in ganz Europa. Bereits Anfang des 16. Jahrhunderts war der Gebäudekomplex mit seinen Galerien und Mansarden zum Zweck der Beherbergung erbaut worden.

Generell ist Strasbourg eine ganz besonders schöne Stadt, die sich seit unserem letzten Besuch spürbar verändert hat. Die Radfahrer haben die Stadt erobert, Autospuren wurden extrem eingeschränkt und verengt, dadurch wird Schnellfahren verunmöglicht. Eine hochmoderne Straßenbahn erschließt die gesamte Altstadt. Durch das Verdrängen von PKWs aus der Innenstadt entsteht eine überaus gemütliche Atmosphäre und es ist ein Vergnügen, lärm- und benzingeruchbefreit durch die hübschen Gassen mit den vielen alten Fachwerkbauten zu bummeln.

Das Hotel ist wirklich sehr besonders, der Empfang extrem freundlich und bemüht. Nach einer kurzen Erfrischungspause machen wir uns zu Fuß auf den Weg zum Restaurant, in dem wir schon vor Tagen einen Tisch bestellt hatten: „Au coin des pucelles", was „An der Flohecke" bedeutet. Das Lokal ist klein und gemütlich, wir essen gut, aber überteuert, lassen Alexa hochleben und sind auch ein wenig sentimental, weil die Reise nun bald zu Ende geht ... morgen geht's zurück nach Hause.

Abschied – auch von unserem „e-Bulli" ID.Buzz, der uns echt ans Herz gewachsen ist.

Vierunddreißigster Eintrag: Der 15. Tag – Heimkommen

Der Tag beginnt versöhnlich. Nach unserer Ladeschlappe im Parkhaus Austerlitz in Straßburg stoßen wir heute schon bei der Abfahrt gleich in Kehl auf eine 300-kW-Ladesäule, die uns den Akku nicht nur in unglaublicher Geschwindigkeit füllt, sondern die außerdem noch mit 100 % Ökostrom betrieben wird. Die Ladezeit verbringen wir in einem nahegelegenen Park und geben die letzten Interviews für die TV-Produktion. Dabei wird uns schmerzlich bewusst, dass die Heimfahrt auch der Abschied von einem inzwischen gut zusammengespielten Team ist. Wir haben uns nicht nur aneinander gewöhnt, nein, unser Filmteam ist uns sehr ans Herz gewachsen. Ja, es stimmt, manchmal haben sie uns ganz schön gequält und uns so genervt, wie wir sie genervt haben. Aber wir hatten immer einen großen Spaß an dem, was wir da gemeinsam produziert haben, und unser Respekt vor dem, was von dem engagierten jungen Team geleistet wurde, ist Tag für Tag gewachsen. Wir blicken auf eine schöne, anstrengende und erlebnisreiche Zeit zurück.

Bei der Heimfahrt sinnieren wir über das Erlebte, über geglückte und verunglückte Ladesituationen, über die Aufmerksamkeit, die uns unser ID.Buzz beschert hat, die Sympathie, die wir spüren durften, und wir fragen uns, ob wir uns noch eine andere Mobilitäts- und Antriebsform als die elektrische vorstellen können. Die Antwort ist: NEIN. Wenn ich diese unsere Reise in zwei Worte kleiden müsste, wären das: SINN und SINNLICHKEIT. Die Sinnlichkeit des Erlebens, der Schönheit der Landschaft, der Begegnungen mit Menschen, der Auseinandersetzung mit anderen Lebenskulturen. Der Sinn zeigt sich einerseits in unserer Mobilitätsform und der Tatsache, lokal emissionsfrei zu reisen. Wir haben ausgerechnet, dass wir mit unserer Photovoltaikanlage zuhause im Monat August so viel Überschuss-Strom erzeugt und ins Netz eingespeist haben, wie wir auf dieser Reise verbraucht haben. Andererseits haben wir auf dieser Reise Menschen kennengelernt, die uns ihren Sinn gezeigt und vermittelt haben, die Strandreiniger und Müllsammler der Jurassic Coast, die jungen Unternehmer:innen in Rennes, die sich der biologischen Nahrungsproduktion verschrieben haben, oder die „Les Glaneurs Rennais", die alle am Markt übrig gebliebenen Produkte sammeln und kostenlos an jene verteilen, die sie dringend brauchen. Und letztlich auch Jaques Rocher, der in La Gacilly ein kulturelles Highlight finanziert, das sich vornehmlich mit Nachhaltigkeit auseinandersetzt.

Wir freuen uns jetzt auf das Heimkommen und unsere Lieben, auf das Nachfühlen des Erlebten und – wenn wir wieder Kräfte gesammelt haben – auf die Planung der nächsten elektrischen Reise ...

Die Crew von links nach rechts: Michelle, Verena, Leo, Alexa, Christian

Fünfunddreißigster Eintrag: Ein letzter anderer Blick

Was soll ich sagen? Wir haben's tatsächlich getan.

5.000 rein elektrische Kilometer durch sechs Länder in 15 Tagen, was für ein Irrsinn. (So etwas kann nur meinem Turbo-Leo einfallen ...)

Fast durchgängig mit Mikrokabel unterm T-Shirt und begleitet von Kameras – vorne, hinten, oben, unten und zur Sicherheit noch die Drohne über allem.

Ereignisreiche Tage, bereichernde Begegnungen, fantastische Highlights, archaische Landschaften. Intensiv, anstrengend, aber auch lebendig und lustvoll.

Ob ich es noch einmal tun würde? Sicher nicht mehr in diesem Speed und in dieser kurzen Zeit. Und sollte unbedingt ein Filmteam dabei sein müssen, dann nur das beste der Welt: unser „rat-pack“: Michelle, Alexa und Christian.

BRUT BRUT, junge Freunde, ich hoffe, wir sehen uns bald wieder ...

Dank

Wir danken der **Porsche Austria** und der **Volkswagen AG** für die Zurverfügungstellung des ID.Buzz. Mit diesem Entgegenkommen wurde das Projekt überhaupt erst möglich gemacht.

Danke an unser großartiges Filmteam der **Tellvision**:
Michelle Gruber, **Alexa Brugger** und **Christian Wendelberger**.

Dank an die Reiseberaterinnen von **Umfulana**, die uns immer die besten und außergewöhnlichsten Locations empfehlen und buchen.

Bildnachweis

Bilder von Leo und Verena Fellinger, ausgenommen auf den Seiten 8, 14, 18, 20, 22, 32, 40, 66, 67, 92 mit freundlicher Genehmigung von Pixabay, sowie S 40 Meerfenchel (Xemenendura), S 96 Straßenbahn (Maximilian Dörrbecker), S 16 (Michelle Gruber)

Kontakt

Mail: leo.fellinger@kunstbox.at
Website und Blog: www.lovelectric.at

Autodaten

Volkswagen ID.Buzz Pro

Motorart	Elektro
Leistung (Systemleistung) maximal	kW 150, PS 204
Drehmoment (Systemleistung)	310 Nm
Antriebsart	Heck
Beschleunigung 0 auf100km/h	10,2 s
Höchstgeschwindigkeit	145 km/h
Reichweite WLTP (elektrisch)	350 - 421 km
CO_2-Wert kombiniert (WLTP)	0 g/km
Verbrauch kombiniert (WLTP)	20,6 kWh/100km
Batteriekapazität (brutto)	kWh 82,0
Batteriekapazität (netto)	kWh 77,0
Ladeleistung (kW) maximal	AC 11/ DC 170
Kofferraumvolumen normal	1.121 l
dachhoch mit umgeklappter Rücksitzbank	2.205 l
Leergewicht	2.464 kg
Zuladung	536 kg
Anhängelast ungebremst	750 kg

Maße: Länge 4.712 mm / Breite 1.985 mm / Höhe 1.927 - 1.951mm